クィア・シネマ・スタディーズ

菅野優香 編著

Queer Cinema Studies

Edited by Yuka Kanno

晃洋書房

クィア・シネマ・スタディーズ　目次

序章

クィアとシネマをめぐる思考と実践

菅野優香

もともと英語で同性愛者を侮蔑することば、すなわち他者表象であったクィア（queer）が、自らを名指す自己表象として意味づけ直されたのは一九八〇年代のアメリカ合衆国においてである。HIV／AIDS禍を背景に、アクティヴィズム、次いで学術研究の領域で「クィア」が再流用された合衆国で、このことばが先鋭的で創造的な可能性を発現させた文化領域のひとつが映画であった。例えば、一九九〇年代のはじめにB・ルビー・リッチによって命名された「ニュー・クィア・シネマ」はジェンダーやセクシュアリティをめぐる既存のイメージ、語り、キャラクターを刷新し、映画文化における新たな潮流となった[*1]。ニュー・クィア・シネマが挑んだのは、映画表象に関する慣習だけではなかった。性的マイノリティのコミュニティ内部で生成される規範性、あるいは「正しい」マイノリティのあり方についても批評的な眼差しを向けたのがニュー・クィア・シネマという出来事であった。

日本においても、LGBTブームが到来するはるか以前に、クィアは映画文化を通じて流入し、そのラディカルな政治性と美学的先鋭性で性的マイノリティのみならず、映画ファンを驚かせていた[*2]。ジェンダーやセクシュアリティの規範性やカテゴリー化の境界を問い直す概念としての「クィア」は、こうして映画というメディアと深く結ばれながら、その地平を拡げてきたのである。

『クィア・シネマ・スタディーズ』には、クィア・スタディーズとシネマ・スタディーズというふたつの領域が共存している。互いの領域を横断し、また一方が他方を活気づけるべく本書は構想された。とはいえ、これらの領域はそもそも独立して存在していたのではなく、隣接し、ときに重なり合いながら相互に依存し、折衝してきた。クィア・スタディーズは、先行するふたつの分野、すなわち、セクシュアリティをアイデンティティやコミュニティ形成の中心において論じてきたゲイ・レズビアン・スタディーズとジェンダーの問題を前景化してきたフェミニズムを批判的に継承し、また、ポストモダニズムやポスト構造主義から多くを学びながら一九九〇年前後に登場した学際的な分野であり、その先駆けとなった論文のひとつがテレサ・デ・ラウレティスによる「クィア理論」であったことはよく知られている[*3]。クィア理論の必要性を説いたデ・ラウレティスの論文は、この企図がはじめから差異の強調と連帯の必要性というふたつの方向性を抱え込んでいたことを率直に表明している。クィア理論は「わたしたちの言説の約束事において、あまりに細分化された区分を避けるために、また、既存の用語のどれかひとつや、それらのイデオロギー的特質に固執することなく、むしろそれらすべを侵犯し、超越するために、それが無理ならばせめて問題化するために」生まれ、「ゲイ男性とレズビアンの共同戦線や政治的同盟は可能となったし、実際必要である」と語る一方、デ・ラウレティスは、レズビアンとゲイの差異が、言説上の対である「レズビアンとゲイ」における「と」(and)という接続詞によって、自明視されるか、隠蔽されていると語った[*4]。レズビアニズムの固有性についての表象上の失敗と沈黙とは、ゲイ解放運動に存在していたセクシズムと同時に、フェミニズムにおけるホモフォビアによってももたらされてきたことも同時に指摘されている。セクシズムとホモフォビアに加えて、クィア理論が取り組むべき問題とされたのは人種であった。「自己表象とアイデンティティにおいて人種が作り出す差異は、レズビアンとゲイのセクシュアリティに関する最近の言説の有用性と限界とを検証し、問いなおし、あるいは異議を唱えることの必要性を物語る」ものだったからである[*5]。

また、イヴ・セジウィックがクィアを「意味をめぐる可能性、亀裂、重複、不調和と調和、欠如と過剰の開かれた網の目」と記述していたことを思い出しておきたい[*6]。意味や価値のぶつかり合う場として生じたクィアをめぐる理論はいくつもの焦点をもち、明確な輪郭や、統一的で首尾一貫した意味を産出しないことも多い。だが、それは無責任で表層的な多様性の称揚などではない。ジェンダーとセクシュアリティに関する知識と経験の言説を常に批判的に問いながら、その複雑性を捨象することなく、新たな価値と意味づけの可能性を切り開いていくためにクィア理論はあるからだ。

今日、クィア理論が取り組むべき課題は、レズビアンとゲイの差異と連帯、人種の問題にとどまらない。例えば、現在の日本（やその他の地域）ではトランスジェンダーの人々に対する攻撃、とりわけトランス女性排除の言説がとどまるところを知らない。ジェンダーやセクシュアリティの構築性を論じ、その規範化とカテゴリー化のあり方を批判してきたクィア理論は、トランスジェンダー研究と時に共鳴し、時に対立し、また別の時には共存するなど両義的な関係性のうちに結ばれてきた[*7]。だが、近年はクィア理論において、トランスジェンダーの人々に対する差別や暴力の問題が焦点化されており、その意味では、トランス女性排除の言説は、クィア理論が応答可能な、そして応答すべき喫緊の課題のひとつであろう。また、多様性の称賛と推進にも関わらず、あたかもその外部にいるかのような位置づけをされ続けている移民、難民、エスニック・マイノリティの問題は、ジェンダーやセクシュアリティと大きく関わっている。現在のクィア理論が介入すべき課題は少なくない。

ところで、クィア・シネマ・スタディーズが映画に関する理論と批評を実践する研究者だけでなく、文学、歴史、美術、人類学、哲学といった分野に携わってきた人々の横断的な参入によって学際的な知の領域を形成してきたことは再度強調しておきたい。デ・ラウレティスやセジウィックは、映画や文学を含む文化理論としてのクィア理論を先導したが、そこにジュディス・バトラーを加えてみたい。フェミニスト理論だけでなく、クィア理論の書でもある『ジェンダー・トラブル』が、映画『フィーメール・トラブル』(ジョン・ウォーターズ、一九七四年)に主演したディヴァインとそのパフォーマンスに触発されており、書名までも流用している点は、バトラーがいう「真面目な遊戯」として示唆的である。「ジェンダー・カテゴリーにトラブルを起こす」ことを目的として書かれた『ジェンダー・トラブル』は、そのために「フィーメール・トラブル」という運命を装った歴史的配置について考えることを提案する*8。映画という表象の装置がバトラーの思想において果たす役割については『問題=物質となる身体』における『パリ、夜は眠らない』(ジェニー・リヴィングストン、一九九〇年)の分析を見てもわかるように、決して小さいものではない。映画研究へのクィアな介入は、新たなテーマをもたらしただけでなく、分野の認識論や方法論を含む慣習や規範を再検討する効果をもたらした。フェミニスト映画研究にあって部分的に行われていたセクシュアリティの分析をより焦点化し、またジェンダーや人種との交差においてセクシュアリティを研究と批評の中心に据えるそうした試みの延長上に、本書『クィア・シネマ・スタディーズ』はある。

フェミニズムやゲイ・レズビアン・スタディーズを土台に、ジェンダーとセクシュアリティの問題を人種や階級、障害といった他のアイデンティティや生の様態との関連において再配置したクィア・スタディーズを映画研究に接続することを本書は目指している。接続とは、映画研究とクィア・スタディーズの融合ではなく、映画研究へのクィアな介入と、クィア・スタディーズへの映画的介入という、いわば「二重の介入」のための接触を意味している。

以下に、本書に収録した論考を紹介する。

第1章「クィア・シネマの歴史――『パンドラの箱』に見る可視性と共時間性」(菅野優香)は、クィア・シネマの歴史を可視性と時間性という点から考察したものである。マイノリティの表象にとって「可視性」はキーワードであるが、その内実にはこれまであまり踏み込んだ議論がなされてこなかった。本章は可視性の条件について問うことの必要性を説きながら、「可視性」を社会的な力として定義する。そして、「何が見えるのか」という可視性の問題は、時間性の問題に直結しており、クィア・シネマの歴史における、「クィア」をどのようにして見出すかという方法論、あるいはヒストリオグラフィーの重要性が強調される。クィア理論における時間性の議論を参照しつつ、G・W・パプスト監督『パンドラの箱』(一九二九年)を分析対象として取り上げ、ラディカルな共時間性と複数の時間が混交するような時間としてのクィア・シネマの歴史が論じられる。

第2章「アメリカ合衆国のゲイ解放運動の表象に向けて――『真夜中のパーティ』から『ミルク』まで」(河口和也)は、一九六八年から一九七八年までの一〇年間に製作された映画作品を取り上げ、ホモファイル運動からゲイ・リベレーション(ゲイ解放運動)に至るアメリカの性的マイノリティをめぐるアクティヴィズムとコミュニティの変化について論じている。こうした変化は、従来、不可視から可視へ、クローゼットからカミングアウトへ、同調から抵抗へと語られてきたが、本章はこの語りの再考を促す。ホモファイル運動時代のパラダイムに属する『真夜中のパーティ』には可視化もカミングアウトもあり、また解放主義運動を背景にした『ミルク』はカミングアウトの重要性を説くだけでなく、そこにはクローゼットが伴っているからである。また、『ハーヴェイ・ミルクの時代』において表象される「暴力に対抗する暴力」について問いをめぐらせつつ、集合的な怒りの表出に関する倫理的なジレンマを指摘する部分はきわめて重要な問いであろう。

第3章「溶け込まずに生き延びること――映画におけるバイセクシュアリティ表象を読む」(長島佐恵子)は、LGBT言説においてある意味で最も「論じにくく表現されにくい」セクシュアリティとして固有の困難を抱えるバイセクシュアリティについて、映画の表象を通して考察する。性的指向をひとつのジェンダーに限定するモノセクシュアリティに、性別二元論とモノガミーが重ね合わされた「モノセクシズム」によって、バイセクシュアル主体の不可視性とそれに伴うスティグマが生み出されると長島は指摘する。そこから本章は、『アトミック・ブロンド』(二〇一七年)や『ブラック・ミラー』シリーズ「サン・ジュニペロ」(二〇一六年)で用いられる「バイセクシュアル照明」に注目し、照明の効果として創造されるバイセクシュアルな空間と、それによって映画的にバイセクシュアリティを表現することの可能性が論じられる。最後に、デジレー・アカヴァン作品を取り上げ、モノカルチュラルでモノセクシュアルな社会規範の要請にあっても、ひとつを選択することなく、二項対立の両方を視野に入れた「フェンスの視点」で、溶け込まずに生き延びることの重要性が示唆される。

第4章「崩壊へと横辷りする世界——谷崎潤一郎『細雪』を読み/観る」(出雲まろう)では、小説『細雪』が映画化される過程において、開かれたり解体されたりするクィアな可能性が論じられている。小説と映画からなる『細雪』という世界がもつクィアネスは以下の三点に要約されよう。第一にその時間性である。アジア太平洋戦争の足音を聞きながらこの小説を執筆した谷崎は、大阪船場の旧家・薪岡家の四姉妹の「どうでもいい日常」を詳細に記したが、そこで描写される崩壊する世界(それは薪岡家の運命が象徴する「船場的」なものの凋落だけでなく、戦争に突き進む日本の崩壊でもある)には、後の日本を幻視するような「未来時間」が書き込まれていると本章は指摘する。そこには線的かつ目的論的な時間性と対置されるクィアな時間性がある。第二に、本章は三女・雪子の異性や恋愛への無関心からアセクシュアリティを読み解いていく。最後に、島耕作監督版『細雪』で、幸子を演じる京マチ子のクィアネスであるが、それは京の身体性が帯びている「大きな何か」であり、そこにあるにもかかわらず、不可視で名づけえぬものとしてのクィアネスである。このように、『細雪』という世界のもつクィアネスが時間性、セクシュアリティ、身体性の観点から析出されていく。

第5章「レズビアン青春映画としての『櫻の園』」(赤枝香奈子)は、中原俊監督『櫻の園』(一九九〇年)を近代日本のレズビアン・ヒストリーの「ひとつの最終地点」としてとらえた論考である。なぜ、最終地点なのか。この映画が描くボーイッシュな女性による他の女性への恋、あるいはジェンダー化された女同士のカップルの表象は、一九七〇年代以降は問題化され、一九九〇年代には「性同一性障害」概念の広がりによって、不可視化されていったものだからである。つまり、『櫻の園』という作品は、それ以降は問題含みの表象として姿を消していくだろう、女性を愛する「男性的女性」を描きえた最後の瞬間の「レズビアン映画」であるというのが本章の主張である。近代日本における女性同士の親密性を表現することばである「同性愛」や「S(エス)」、「レズビアン(レスビアン)」を歴史的に位置づけながら、赤枝はこうした性愛的な側面だけにとどまらない女性同士の絆が存在しえた奇跡のような一瞬を『櫻の園』という「青春映画」に読み解いていく。

第6章「ゲイ男性と結婚・恋愛・家族──『二十才の微熱』と『ハッシュ!』を男性同性愛の歴史に位置づける」(前川直哉)は、歴史研究の視点から、橋口亮輔監督による二作品の時代背景を検証し、ゲイ男性の結婚や恋愛をめぐる状況の変化がいかに映画に刻印されているかを分析している。それまでの日本の「皆婚社会」にあって、異性と結婚し、家庭外で同性と交際・セックスすることも珍しくはなかったゲイ男性の生の様式は、一九九〇年代に入って転換期を迎える。男性同士の親密な関係が「恋愛」と表現されるようになると同時に、皆婚社会の崩壊で、ゲイ男性には「女性との結婚」ではなく、「愛する同性と一生をともにする」というあり方が現実味をもって意識され始めるようになる。日本社会で結婚と恋愛が分離していくなか、『二十歳の微熱』には、(異性との)結婚から(同性との)恋愛へのシフトが、また『ハッシュ!』においては、恋愛はもとより、異性愛女性をも含めたオルタナティヴな家族の形成が描かれていると前川は指摘する。橋口作品には、一九九〇年代と二〇〇〇年代の、ゲイ男性のライフコースに対する意識と現実が大きく変化していく様子が刻まれているとする本章は、次章の久保豊の論考と響き合う。

第7章「ＳＯＭＥＤＡＹを夢見て——薔薇族映画「ぼくらの」三部作が描く男性同性愛者の世代」（久保豊）は、（前川による論考でも参照されているゲイ雑誌『薔薇族』に由来する）男性同性愛者を観客として制作された薔薇族映画について論じたものである。一九八〇年代に台頭した薔薇族映画は、生活者として当時の男性同性愛者を描き、彼らの未来を肯定するファンタジーをスクリーン上に投影するという大きな役割を果たしたと久保は述べる。それとともに、初期薔薇族映画の代表作である「ぼくら」三部作で描かれる異なる世代のゲイ男性間の共通性と差異は、後のゲイ映画が描く「若さ」と「老い」に影響を与えたのだと指摘される。前章で歴史研究の視座から分析されたゲイ男性の生の様式の変化が、ここでは映画の分析によって導かれている。映画は現実をそのまま反映しないまでも、薔薇族映画が描き出したゲイ男性による恋愛、結婚、家族形成への願望は、ゲイ・アイデンティティを肯定する効果をもち、さらには情愛や性愛の関係の豊かさが「欲望の教育」として機能したことの重要性を本章は強調する。

第8章「スクリーニング／アウト・ディスアビリティ——障害学とクィア・シネマ」（井芹真紀子）は、その偏在にもかかわらず、わたしたちの意識や記憶から、ふるいにかけて選別（スクリーン・アウト）されるディスアビリティ表象のあり方について論じている。一見すると視覚空間にはディスアビリティの表象が広がっているが、実のところそれらの多くは限定的で差別的な表象の横溢に他ならず、現実の障害者を不可視化すると同時に、他のマイノリティをさらに差異化し、そして他者化する効果をもたらしている。『マッドマックス　怒りのデス・ロード』（ジョージ・ミラー、二〇一五年）の分析を通じて、井芹はこの映画のディスアビリティ表象と、二〇一二年のロンドン・パラリンピックを機に打ち出された障害者の新たなイメージである「スーパーヒューマン」とに類似性を見出し、さらに、この映画のフェミニスト的ナラティヴが、二極化したディスアビリティ表象の差別化によって支えられていることを指摘する。ディスアビリティが超人的身体として特権的に表象されつつも、そこには、さらに「世界を救う」良き身体と、「世界を殺す」病んだ身体との対比があり、後者が排除されていくという表象のメカニズムを批判的に読み解いていく。

第9章「『東京ゴッドファーザーズ』におけるトランス女性表象と「エイズ」の語――異性愛規範の外から中心への道程」（宮本裕子）は、今敏の長編アニメーション映画に焦点を当て、主人公のひとりであるホームレスのトランス女性ハナを中心に分析がすすめられる。トランス女性のステレオタイプにもとづいて表象されるハナは、その女性性を誇張され、脱性化された人物として造形されている反面、心理的な内面性をもった物語の要として描かれるという両義性をもっていると宮本は述べる。そして、作品に横溢する血液のイメージと、映画のなかで言及される「エイズ」という語は、この映画をＨＩＶ／ＡＩＤＳの隠喩として読む可能性を開くものであるという。異性愛規範の外部にいながら、擬似家族を形成して「再生産的未来主義」（エーデルマン）に奉仕しようとする主人公たちの物語は、規範の外部に置かれた人間たちの現実を注視させる効果を持つと本章は論じている。

第10章「クィア・アニメーションの可能性」（矢野ほなみ）は、映像作家として作品を制作しつつアニメーション研究を行う矢野が、研究と制作の双方の観点から、アニメーション研究とクィア研究を架橋する試みである。アニメーションがクィアと親和性の高い形式である理由は、「動き」の芸術と言われるこのメディアの視覚表現の固有性にあるという。本章が強調するのは、表現に関するさまざまな技法そのものよりも、アニメーションという形式がいかに身体の動きと連動しているかという点である。ダンサーをモチーフとして採用し、オプティカル合成で時間を操作する手法を駆使するノーマン・マクラーレンの例に加え、自身の作品『染色体の恋人』の制作過程を詳細に語るなかで、そうした身体性や触覚性の重要性が浮かび上がってくる。作品において、いかに「美化」することなくセクシュアリティをめぐる悩みや葛藤を描くかに関する記述は、クィア表象すべてにかかわる重要な論点を提起するものとなっている。

第11章「ビート　ゴーズ　オン――エイズやクィアに関する映像の上映を続ける理由」（秋田祥）は、東京や京都でクィア映画、実験映画の上映会「ノーマルスクリーン（NS）」を主宰する秋田が、現代の日本で、こうした上映活動を行うことの意義について考察する。NSが上映するのはクィア・アーティストの作品や性的マイノリティの経験を描いた作品まで多様であるが、活動の目的は「ノーマル」に縛られることなく、既存のルールや規範、市場の原理をやわらかに破壊することによって、「観客」や「空間」を創造し、人々を結びつけることにある。NSが目指し、実践しているのは、映像作品の上映を通じたコミュニティの形成なのだと言えよう。アートを通じてHIV／AIDSについての対話を継続するという理念を掲げて活動するニューヨークの非営利団体Visual Aids（VA）の理念に共鳴し、VA関連の作品を紹介し続けながら、秋田は「HIV／AIDSアクティヴィズムを知らずに、LGBTQの歴史や現在について何を知りうるのか」と問いかける。より多様でインターセクショナルなクィア作品の上映を模索するNSの活動は、日本のクィア・シネマ・カルチャーで重要な役割を果たしている。

『クィア・シネマ・スタディーズ』に編まれたこれらの論考は、関心の在りかも、対象とする映画作品の時代も地域も方法論も異なる執筆者たちによってそれぞれの立ち位置から書かれたものであり、クィア・シネマとクィア・スタディーズを接続するという緩やかな共通項で結ばれているにすぎない。だが、規則性や統一性の欠如は、現時点のクィアとシネマを取り巻くダイナミズムを反映したものでもある。まずは自分の立ち位置を確認し、そこから導き出された「問い」について自問すること、それが本書の出発点である。ジェンダーやセクシュアリティの規範性を再考し、差異や多様性への抑圧に抗するだけでなく、差異や多様性の名のもとに巧妙に隠蔽され、偽装されるものにも抗う概念としてのクィアは、シネマにおいてどのように作用しているのだろうか。それは、シネマ自体を批判的に問い返す視座となりえているだろうか。本書がクィアとシネマをめぐる思考と実践のアーカイヴとして、読者の方々に活用されることを願っている。

注

＊1　「ニュー・クィア・シネマ」は、政治的、美学的にセクシュアリティを捉え直した一連の映画作品であり、一九九〇年くらいからサンダンス映画祭やニュー・ディレクターズ／ニュー・フィルムズ映画祭といった北米の映画祭を中心に上映された。『パリ、夜は眠らない』（ジェニー・リヴィングストン）、『ポイズン』（トッド・ヘインズ）、『タンズ・アンタイド』（マーロン・リグス）、『マイ・プライベート・アイダホ』（ガス・ヴァン・サント）、『ヤング・ソウル・レベルズ』（アイザック・ジュリアン）、『エドワード二世』（デレク・ジャーマン）、『恍惚』（トム・カリン）、『リビング・エンド』（グレッグ・アラキ）、『僕たちの時間』（クリストファー・ミュンチ）、『R. S. V. P』（ローリー・リンド）などが含まれる。以下を参照のこと。B. Ruby Rich, *New Queer Cinema: The Director's Cut* (Durham and London: Duke University Press, 2013).

＊2　拙稿「クィア・LGBT映画祭試論――映画文化とクィアの系譜」『思想』第四三号（二〇一五年）を参照されたい。

＊3　Theresa de Lauretis, "Queer Theory: Lesbian and Gay Sexualities; An Introduction", *Differences* 3: 2 (1991): iii–xi. この論文の前半部分は以下に翻訳されている。テレサ・デ・ラウレティス「クィア・セオリー　レズビアン／ゲイ・セクシュアリティ」大脇美智子訳『ユリイカ』第二八巻一三号。一九九六年一一月号。）

＊4　de Lauretis, "Queer Theory": v–vi.

＊5　de Lauretis, "Queer Theory": x.

＊6　Eve Kosofsky Sedgwick, *Tendencies* (Durham and London: Duke University Press 1993), 8.

＊7　トランスジェンダーとクィアおよびトランス理論とクィア理論の関係については以下を参照されたい。Ki Namaste, "The Politics of Inside/Outside: Queer Theory, Poststructuralism, and a Sociological Approach to Sexuality," *Sociological Theory* 12: 2 (1994): 220–231; Vivian K. Namaste, *Invisible Lives: The Erasure of Transsexual and Transgender People* (Chicago: University of Chicago Press, 2000); Jay Prosser, *Second Skin: The Body Narratives of Transsexuality*

(New York: Colombia University Press, 1998); Susan Stryker, "Transgender Studies: Queer Theory's Evil Twin," *GLQ* 10: 2 (2004): 212-215; Mel Y. Chen, *Animacies: Biopolitics, Racial Mattering, and Queer Affect* (Durham: Duke University Press, 2012).

*8 ジュディス・バトラー『ジェンダー・トラブル——フェミニズムとアイデンティティの撹乱』竹村和子訳、青土社、二〇〇三年、八—九頁。

第1章

クィア・シネマの歴史

『パンドラの箱』に見る可視性と共時間性

菅野優香

正しい間違い

クィア・シネマを語る上では欠かせない『セルロイド・クローゼット』を、その著者ヴィト・ルッソは「アメリカ映画におけるゲイ・キャラクターについての探究」であると慎ましく要約した[*1]。実際にはキャラクターを大きく踏み越える分析対象と歴史的射程をもったこの本を原作とする同名のドキュメンタリー映画（ロブ・エプスタイン／ジェフリー・フリードマン、一九九五年）には、最も初期のゲイ描写とされるある映画が登場する。ウィリアム・K・L・ディクソンが一八九四年あるいは一八九五年に監督し、エディソン製作所によって製作された二二秒の短編「ディクソン・エクスペリメンタル・サウンド・フィルム」である。二人の男性が手を取り合ってワルツを踊っているこの映画をルッソは『ゲイ・ブラザーズ』と紹介した。最古のサウンド・フィルムとして知られるこの作品が、最古のゲイ映画であったとすれば、映画は生まれたときからクィアなメディアだったのだと言いたくなるところだが、男性同士で踊っていたのはエディソン製作所には女性の従業員がいなかったからであり、二人がゲイだったからではないことが今日明らかになっている[*2]。

ダンスをする二人の男性をゲイ・キャラクターに含めたルッソの間違いは、肌理に逆らって読もうとするクィア・リーディングであったとは言えないだろうか。クィアに読むことは、遊び心に溢れた知的で洗練された解釈の方法というだけではなく、観客を当然のように異性愛者と見なし、異性愛主義的な語りとイメージを量産してきた映画の歴史に対する怒りと不満を糧にした視覚的かつ物語的快楽への欲望であり、戦略にほかならない。意図されたものであろうとなかろうと、クィア・リーディングは（隠された）クィアな意味を見出すことが、クィアな観客にとって重要であるからこその読みの実践なのである[*3]。一〇〇年前の映像にルッソがゲイネスを読み込んだのは、「現在」にとって、それが重要な意味をもっていたからである。彼にとっての現在とは、ゲイやレズビアンが存在しないという嘘を映画が強化していた現在であり、ホモセクシュアリティを扱う主流映画が、レズビアンやゲイではなくもっぱらマジョリティに向けて作られていると感じられる現在であった。だから、映画が発明された時からゲイは存在していたのだということを証明しようとしたルッソが犯した間違い、それが『ゲイ・ブラザーズ』の「誤読」であった。

だが、異性の二人が踊るべきワルツを二人の男性が踊るところにゲイの姿を見出したルッソの間違いは正しい間違いであった。というのも、この誤認のもとにあるのは、意図に還元することのできないテクストの効果としてのクィアネスであり、現在の必要性が召喚した過去のイメージのクィアネスだからである。その意味で、クィア・シネマの歴史は、誤認や誤引用が正しい間違いとしてある歴史なのだ。

可視性とは何か

ルッソの誤読はクィア・シネマの歴史における可視性という問題へとわたしたちを導く。「可視性（visibility）」はレズビアン、ゲイ、トランスジェンダーやバイセクシュアリティをめぐる議論において繰り返し言及され、その不在（すなわち不可視であること）は欠陥、問題、失敗として自明視されてきた概念である。だが、可視性とは一体何なのか。

一九九〇年代の合衆国では、レズビアン映画の増加を背景に、可視性の概念が批評言説に浮上してくる*4。「現代アメリカのレズビアン文化に関する修辞と様式において、可視性がキーワードとなったことは疑う余地がない」と指摘したのはマーサ・ギーバーである。ギーバーは、レズビアニズムの政治学という文脈で「可視性」が「連帯」にとってかわってしまったことを深く憂慮し、可視性という概念を再検討するよう提案する*5。なぜ彼女は「可視性」の氾濫をそこまで警戒していたのだろうか。

可視性とは、そもそも文化的形式や条件に依存するものである。デ・ラウレティスが「可視性の参照フレーム」や「視覚の条件」と呼んだもの、あるいはパトリシア・ホワイトが表象に先行する「表象可能性（representability）」として概念化したものを思い起こしておきたい*6。何を見ることができるのか、何が見られうるのかは文化的かつ社会的にすでに条件づけられているのだと彼女たちは指摘してきた。とすれば、可視性の問題は、可視か不可視を問う前に、可視性の条件を考えるところから始められるべきなのだ。すなわち、可視性とは、単に物理的で身体的なメカニズムからくる状況や現象を意味するのではなく、圧倒的に不均衡な権力関係を基盤として構築された社会的関係性を光学的に表現したものなのではないだろうか。可視化されているということは、社会的な力をもつこと、あるいは、社会的な力をもっていると認識されることなのだ。

クィア・シネマにとっても、可視性は、無視され、省略されてきたもの、名づけられず、描かれてこなかったもの、あるいは誤表象されてきた欲望や関係性、アイデンティティに関連した概念である。認識論的な暴力によって、ひと、欲望、アイデンティティ、関係は不可視化されるが、クィア・シネマの歴史において、可視性の問題はさらに時間性の問題を呼び込むものとなる*7。

クィアという方法論――複数の時間と歴史へ

クィア・シネマは、時間的錯綜によって生じた概念である。というのも、クィア・シネマとはそもそも「ニュー・クィア・シネマ（ＮＱＣ）」の登場によって初めて可能になった概念ではないかと、わたしは考えているからである*8。

クィア・シネマについて論じることの困難のひとつに、クィアという語が現在使われているような意味で流通する以前の事柄について、どこまでクィアの名で語りうるのかという問題がある。一九二〇年にはすでに男性同性愛者に対する侮蔑的呼称として存在していたクィアだが、本章が用いるクィアとは、そうした他者による表象あるいは言説としてあったクィアの歴史を消去することなく、むしろその歴史性ゆえに、貶められてきたこの言葉を自分たちのために意味づけ直した、自己表象としてのクィアである。その意味で、クィアとはジェンダーやセクシュアリティに関する規範性を問い直す批判的視点であり、欲望や同一化、非同一化、アイデンティティ、親密性、帰属をめぐる様態やその変容を再考するための方法なのである。また、アイデンティティや欲望、親密な関係性に関する既存のカテゴリーを再審し、その輪郭を不安定なものにするクィアは、意味を固着させたり、概念的に封じ込められることに抵抗し、矛盾するもの、つねに生成の途中にあって未来に開かれたもの、ホセ・ムニョスの言葉を借りるならば、「潜勢力に満ちた地平」である[*9]。視点と方法論としてのクィアは、レズビアン、ゲイ、バイセクシュアル、トランスジェンダーと重なることはあっても、それらに限定されるわけではない。本章ではクィアと同時にレズビアンという言葉を多用しているが、それは、レズビアンとクィアの差異を示したいからではなく、クィアという語が時に見えにくくするジェンダーの次元を強調するためである。

ジェンダーやセクシュアリティに関する規範性を批判的に問うということは、そうした規範を土台にして設計、運用されてきたのみならず、相互に依存し合ってきた法的、経済的、社会的な制度と構造の問い直しを含んでいる。だからクィアは、必然的に政治的なものとならざるをえない。

イメージをスクリーンに映し出す物質的で技術的なメディウムとしての「フィルム」が可能になる条件とも言うべき「シネマ」は、映画的実践と経験の総体であり、観客という主体を形づくる公的で文化的な装置である。シネマは誕生の瞬間から現在に至るまで、ジェンダーとセクシュアリティのテクノロジーであり続けてきた[*10]。クィアが批判的な視点と方法論であるならば、クィア・シネマは、シネマ自体を問い直し、その内部から再概念化を試みるものとなるだろう。ジェンダーやセクシュアリティに加え、人種に関する規範性を生成し、強化してきた装置のひとつであるシネマという装置をクィア・シネマが内部から再審する方法のひとつは、映画の時間性を狂わせることである。

クィア・シネマの歴史の核心にあるのは、過去に遡って「クィアな作品」や「クィアな登場人物」を見出すことよりも、どのようにして、ある作品や登場人物を「クィアなもの」として再発見するかである[*11]。とすれば、ヒストリーそのものよりも、ヒストリオグラフィーが問題となる。こうした方法論的再考は、クィア理論が取り組んできた歴史の掘り起こしや時間性をめぐる議論と共鳴している。どのように過去のクィアネスを再構築するのか、また、それが現在にとってもつ意味を明らかにすることがクィア・シネマの歴史というプロジェクトなのである[12]。

時間が差異の徴であり、他者化するメカニズムそのものであることは、すでにジョナサン・ファビアンやディペシュ・チャクラバルティが論じてきたとおりである[13]。クィア理論における時間論的転回は、こうした歴史的他者化の議論に大きく触発されてきたのだが、同時にクィアな時間性を支える「持続する現在」は、差異と固有性を強調することによって「過去」を他者化してきた歴史主義の効果も問い直してきたと言える[14]。過去の固有性を重視するあまり、過去を他者化してしまう結果となる歴史主義を批判し、目的論的な因果関係によらず、過去と現在をつなぐ回路を見出そうとする傾向をヴァレリー・トラウブは「クィア・スタディーズの新たな非歴史主義」と呼んでいるが、それは時間に触れ、過去と情動的につながることによって、共時間性を生きる現在と過去のクィア・コミュニティを形成しようとするキャロリン・ディンショウの試みに如実に示されている[15]。クィア・ヒストリーが模索してきた過去と現在の結びつきは、歴史的連続性という直線的で進歩的なナラティヴを踏み外し、「偶発性の鼓動」に波長を合わせることでもある[16]。

対象や時代が異なるとはいえ、クィアの「非歴史主義」に共通するのは「現在」の重要性であろう。もっともクィア・シネマの「現在」は、時間的連続性が破壊されて鮮明化するポストモダン的な「現在」ではない[17]。もはや手が届かない歴史的過去や、分裂症的な症状として現れる現在の代わりに、クィア・ヒストリーが試みてきたのは、複数の時間が共存するクィアなコミュニティを「現在」という磁場においてどのようにして出現させうるかであり、その意味で「現在」とは、過去と未来を含んだ異種混交的な時間である。こうしたアナクロニズムによって特徴づけられるクィア・ヒストリーは、「時間の流れ」と呼ばれる出来事の直線的な配置に抗し、行先が不透明で不規則な曲線や螺旋としての時間と歴史を考えるものだと言えよう。歴史主義を支える全体性や目的論というロジックを放棄することによって、「可能であった過去」が「今」を構成するものとなる。ラディカルなアンタイムリーさという時間の経験こそが、わたしたちのクィアな現在なのである。

『パンドラの箱』と誤引用

G・W・パプスト監督による一九二九年の作品『パンドラの箱』が提起するのも、そうした可視性と時間性の問題である。フランク・ヴェーデキントの戯曲を原作とする『パンドラの箱』は、その続編映画のタイトル(『淪落の女の日記』)が示唆するように「淪落の女」ルルをめぐる物語であり、「新即物主義」と称される新しいリアリズムを体現した作品として知られる[*18]。ルルを演じたルイーズ・ブルックスを中心に語られがちな作品だが、この映画にはルル/ブルックスに加えて、クィア・シネマを語る上できわめて重要な人物が登場する。ヴィト・ルッソが「おそらく映画に初めて明示的に描かれたレズビアン・キャラクター」と呼んだガシュヴィッツ伯爵夫人(アリス・ロバーツ)である[*19]。だが、このキャラクターはなぜレズビアンとされてきたのだろうか。そうした読みを可能にする条件とは一体何なのだろうか。

ガシュヴィッツのレズビアニズムを「読ませる」ための装置のひとつが男装である。伯爵夫人というものの、タキシードに蝶ネクタイという装いで、衣装デザインの描かれたスケッチ・ブックを小脇に抱えて登場する彼女は、貴族というよりも「働く女性」のようである。この映画が製作された一九二〇年代のベルリンでは、ジェンダー倒錯、とりわけ女性の男性化はモダニティの兆候のなかでも、単なる流行から次第に社会的な不安を掻き立てる存在へと変化しつつあった。メディアにおいて、こうした女性の男性化を最も強烈に視覚化したのが異性装である。もちろん、タキシードやスーツといった男装は、ジェンダー表現の曖昧さや侵犯によって特徴づけられた「新しい女性」像の一部であり、必ずしもレズビアニズムのみを意味するものではない[20]。だが、ケイティ・サットンが論じるように、ワイマール・メディアで表象された短髪、男装の「ガルソンヌ」は、一般的にはモダンでファッショナブルなモダン・ガールの象徴でありつつ、ベルリンのレズビアン・サブカルチャーにおいては、女性同性愛者の美学およびスタイルを明示するものでもあった[21]。彼女たちのジェンダーやセクシュアリティに対するアプローチは、レズビアンにとっては十分にエロティックな要素だったと言えよう。男装と言われるガシュヴィッツの異性装は、実際にはタキシードやスーツとスカートの組み合わせであり、半異性装と言うのがふさわしいようにも見えるが、当時のベルリンにあっては、タキシードあるいはオーダーメードのスーツの上着には、ズボンよりもシンプルなストレート・スカートを合わせた方が、より男性的女性としての象徴性が高かったという興味深い現象が指摘されている[22]。

こうしてガシュヴィッツは、モダンな「新しい女」らしい軽快な調子で画面に導き入れられるのだが、その様子はある瞬間に一転する。彼女が会話をしている相手は、仕事の依頼主で舞台演出家のアルヴァであるが、彼はルルの愛人の息子であり、後には彼女の恋人となる人物である。ルルはどうしているのかと尋ねるガシュヴィッツの表情からは朗らかさが消え失せ、暗く射るような視線がアルヴァに向けられる。この場面で彼女が片手に煙草をもっていることに注意したい。「ブービーコプフ」と呼ばれたボブカット、タキシード、片眼鏡などとともに、煙草はジェンダー逸脱の指標であったが、レズビアン・サブカルチャーの文脈においては「ブッチ」スタイルを指すものでもあった[23]。また、ここでの嫉妬と詮索を含意するガシュヴィッツの眼差しは、後に見出されるような対象に対する直接的な眼差しとは異なり、ルルへの欲望を「屈折的」に表現するものとなっている。男装、煙草、ルルへの欲望を間接的に示す視線によって、ガシュヴィッツはジェンダー逸脱者であると同時に、レズビアンとして可視化されているのである。

ガシュヴィッツのレズビアニズムは、解放的で倒錯的な性的文化によって知られる一九二〇年代ベルリンのコスモポリタン・モダニティの産物であるが、そこには「同時代」にはあてはまらない時間的錯綜もある。ハヴロック・エリス、フロイトのセクソロジーや精神分析モデルから引き出された倒錯的レズビアン・イメージと、モダニズム文学において形象化された男性的で誘惑的なレズビアン・イメージが、それ以前の貴族的レズビアン・イメージと共存しているからである[*24]。ガシュヴィッツは、映画の原作となったヴェーデキントの戯曲『パンドラの箱』（一九〇四）から「伯爵夫人」という称号をそのまま引き継いでいるが、映画においては、物語的にも視覚的にも「伯爵夫人」としてコード化されることはない。だがミッチェル・モリスによれば、『パンドラの箱』は演劇だけでなく、オペラとしても繰り返し上演され、ガシュヴィッツはその当時すでにドイツ演劇における「レズビアンの原型」となっていたという[*25]。とすれば、「ガシュヴィッツ伯爵夫人」は当時、すでに「時代遅れ」になりつつあった貴族とレズビアニズムを結びつける人物、すなわち一八世紀フランス宮廷時代から一九二〇年代のイギリスにまで脈々と流れる「貴族的レズビアニズム」を強く喚起する人物である[*26]。ワイマール期ドイツのモダニティを体現する一方で、一九世紀末から二〇世紀前半にかけて性科学と精神分析によって病理化された倒錯者としてのレズビアン、さらには過去の貴族的レズビアニズムを呼び起こすガシュヴィッツは、まさに複数の時間が重なり合う形象なのである。

ルル／ブルックスのレズビアン的主体性

ガシュヴィッツの欲望をかきたてるルルは、欲望の対象であるだけでなく、他者の欲望を煽り、それに応答する主体でもある。そして、ルルのレズビアン的主体性は物語世界におけるガシュヴィッツとの関係はもとより、女優ルイーズ・ブルックスの性的曖昧さやレズビアン・ゴシップ、自らパフォーマティブに構築し続けたレズビアン的イメージによっても形づくられている[*27]。ブルックスは、自らのレズビアン的な欲望や女同士の親密性について語りつつも、アイデンティティとしてのレズビアニズムは否定し続けたが、彼女のレズビアン・イメージは、性的曖昧さや既存のジェンダー規範から逸脱した彼女のスターとしての魅力における核心的な次元であった[*28]。ルル役の候補であったマレーネ・ディートリッヒについてパプストは「歳をとりすぎているし、あからさますぎる」と語り、セクシュアリティが明白に表出されるディートリッヒではなく、セクシュアリティの未決定さゆえに、ブルックスを選んだのだという[*29]。ルル役によって「性的に曖昧な」ブルックスのスター・ペルソナが再強化されたことはいうまでもない。

トマス・エルセサーは、ルル／ブルックスの魅力がジェンダーの「可逆性」に根ざした性的曖昧や流動性にあると指摘し、『パンドラの箱』は映画におけるセクシュアリティ（sexuality *in* the cinema）を映画のセクシュアリティ（sexuality *of* the cinema）として呈示したのだと論じた[*30]。だが、ルル／ブルックスに映画のアレゴリーを見るエルセサーにとって重要なのは、「ファムファタル」としてのルルのセクシュアリティがいかに男性を脅かし、傷つけるのかという点である。エルセサーは、この映画が呼びかける歴史的観客は「家庭的な」男性たちであるとし、男性の階級や社会的地位に全く無関心なルルに、階級が消滅してプロレタリアート化するドイツ社会の中産階級的男性不安の投影を見出す[*31]。だが、その議論にあって、より兆候的なのは、性的な曖昧さや流動性の名のもとに表現されるレズビアニズムが、脅威や謎としての女性性の映画的構築の基底をなしていることを図らずも露呈させている点である[*32]。

ルルの性的魅力をその表層性に見出すエルセサー同様、メアリー・アン・ドーンもまた、ルルが「純粋なイメージ」として存在し、ルルを通して観念としての女性（性）が表象されていると述べている[*33]。エルセサーやドーンの議論の根底にあるのは、時間性の問題である。ルル／ブルックスのアメリカ的モダニティを指摘しつつ、過去も起源ももたないルルを、家族や個人史の空間の外部である「想像的空間」に位置づけるエルセサーの読みや、ドーンの「純粋なイメージ」や観念としての女性性の表象としてのルルに通底するのは、ルルの無時間性だからである＊34。

ジェンダーやセクシュアリティの曖昧さと、時間的な曖昧さはどう関連しているのだろうか。ブルックスは、ルルという人物を通して、モダン・ダンスを先導した「デニショーン」で培われたダンサーとしての身体性（そして若さ）によってアメリカ的モダニティを体現するが、そこには、同様に消費主義と大衆文化を背景にして成立しつつも、固有のコスモポリタニズムと性的実験性をもつワイマール的モダニティがしっかりと埋め込まれている。同時代的でありつつモダニティの異なる様相に重ね合わされるのが、無時間的なイメージとしてのルル、あるいはゼウスによって創造された原初の女・パンドラとしてのルルである。ガシュヴィッツが複数の時間的形象であるように、ルルもまた現在と過去、時間と無時間を往還する重層的な時間の形象である。

ルル／ブルックスに男性不安の投影をみるドーンとエルセサーには、パトリス・ペトロが指摘しているように、女性を「歴史的観客」として捉える視座が欠けている＊35。この映画に女性観客の居場所はないのだろうか。ルルとガシュヴィッツがウェディング・パーティで踊るタンゴの場面を思い出しておきたい。ブルックスによれば、このシーンが示唆するレズビアニズムに不満であったガシュヴィッツ役のアリス・ロバーツに対し、当時彼女の恋人であった監督のパプストは自分の方を見つめて踊るよう指示したという。結果として、カメラ（とその背後にいるパプスト）を見つめるガシュヴィッツは同時に観客を眼差すことになる＊36。アンドレア・ワイスは、レズビアン観客に固有のアピールをもつブルックスの存在によって目立たなくなっているが、ここには「レズビアン・キャラクターと女性観客の間に生じるレズビアン的力学」があると指摘する＊37。ルルを相手に恍惚とした表情でタンゴを踊るガシュヴィッツは、ルルを欲望するレズビアン観客の同一化を導く存在、すなわち、同一化の入り口となりうるのだ。

　またしてもルッソは間違えたようだ。彼が「おそらく映画に初めて明示的に描かれたレズビアン・キャラクター」と呼んだガシュヴィッツ伯爵夫人は、歴史的発掘が進んだ現在、初めてのレズビアン・キャラクターではなく、初めての「中心的」レズビアン・キャラクターと見なすのがより正確であることがわかってきた。だが、映画的レズビアニズムの起源を探るよりももっと重要なのは、このキャラクターがまとう共時間性である。レズビアンの歴史と映画の時間をその混交性と複数性のうちに呼び起こすのがガシュヴィッツという時間的形象なのである。ガシュヴィッツのルルに対する欲望を可視化するタンゴのシーンは、『暗殺の森』（ベルナルド・ベルトルッチ、一九七〇年）において繰り返されるであろう。『パンドラの箱』や、「ディクソン・エクスペリメンタル・サウンド・フィルム」には、「現在」をより複雑なものにし、映画的経験を多様化するラディカルな共時間性が息づいている。クィア・シネマの歴史にあっては、誤認と誤引用によって、複数の時間が交差し続けるのだ。

注

＊1　Vito Russo, *The Celluloid Closet : Homosexuality in the Movies* (New York: Harper & Row, 1981), 6-7.

＊2　*Queer Images : A History of Gay and Lesbian Film in America*, ed., Harry M. Benshoff and Sean Griffin (Lanham: Rowman and Littlefield, 2006), 21; Shane Brown, *Queer Sexualities in Early Film : Cinema and Male-Male Intimacy* (London: I. B. Tauris, 2016), 1.

＊3　例えばゲイ・リーディングの例として、以下のものがある。Andy Medhurst, "Batman, Deviance and Camp," in *The Many Lives of the Batman : Critical Approaches to a Superhero and His Media*, ed., Roberta E. Pearson and William Uricchio (London: BFI, 1991), 149-163. また文学批評におけるクィア・リーディングを知る格好のテクストとして以下のものがある。中央大学人文科学研究所編『愛の技法――クィア・リーディングとは何か』、中央大学出版部、二〇一三年、お

よび『読むことのクィア』中央大学出版部、二〇一九年。

＊4　アリサ・レボウは、レズビアン映画の制作をめぐる状況を概説したエッセイを、「一九九三年は全国的なマスメディアがレズビアンを発見した年として記憶されるかもしれない」という言葉で書き起こしている。シャンタル・アケルマン、ミシェル・パーカーソン、プラティバ・パーマー、バーバラ・ハマー、スー・フレドリックといった長いキャリアをもつレズビアン映画作家が存在していなかったようなメディアの扱いを皮肉ったものであるが、ここにもレズビアン作家の不可視性の問題がある。Alisa Lebow, "Lesbians Make Movies," *Cineaste* 20 : 2 (1993) : 18-23.

＊5　Martha Gever, "What Becomes a Legend Most," *GLQ* 1 : 2 (1994) : 209.

＊6　Teresa de Lauretis, "Film and the Visible," in *How Do I Look ? : Queer Film and Video*, ed., Bad Object Choices (Seattle: Bay Press, 1991), 224; Patricia White, *Uninvited : Classical Hollywood Cinema and Lesbian Representability* (Bloomington: Indiana University Press, 1999).

＊7　レズビアン表象、可視性と不可視性の弁証法についての本を書いていたら、いつのまにか時間性の本になっていたというアナマリー・ジャゴーズの言葉はきわめて示唆的である。Annamarie Jagose, "Theorizing Queer Temporalities: A Roundtable Discussion," *GLQ* 12 : 2-3 (2007) : 179; *Inconsequence : lesbian Representation and the Logic of Sexual Sequence* (Cornell University Press, 2002).

＊8　菅野優香「クィア・シネマの現在」『Inside/Out ――映像文化とＬＧＢＴＱ＋』久保豊編、早稲田大学坪内博士記念演劇博物館、二〇二〇年、五八頁。クィア・シネマがＮＱＣの（再）発明であるという点については別稿でより詳しく論じる予定である。

＊9　José Esteban Muñoz, *Cruising Utopia : The Then and There of Queer Futurity* (New York: New York University Press, 2009), 1.

＊10　例えば以下を参照されたい。Teresa de Lauretis, *Technologies of Gender : Essays on Theory, Film, and Fiction* (Bloomington: Indiana University Press, 1987).

＊11　ゲイやレズビアン、トランスジェンダーの登場人物に焦点を当てた書物や、監督、脚本家、原作者、俳優をはじめとする作り手のジェンダーやセクシュアリティを扱った書物は一九七〇年代から存在する。パーカー・テイラーによるゲイ男性を中心とする同性愛者の登場人物の分析や、リチャード・ダイヤーによってレズビアン・ゲイ映画批評の先駆けとなる論集が編まれ、『ダイク』誌上では、映画作家でもあるジャネット・メイヤーズがレズビアンと映画の関係に関する批評的考察を行い、ロビ

ン・ウッドはゲイとして映画批評を行う意味について内省するエッセイ「ゲイ映画批評家の責任」を著すなど、レズビアン・ゲイ映画研究へと連なる批評的言説がすでにこの頃登場している。Parker Tyler, *Screening the Sexes : Homosexuality in the Movies* (New York: Da Capo Press, 1972) ; Janet Meyers, "Dyke Goes to the Movies," *Dyke : A Quarterly* 2 (1976) ; *Gays and Film,* ed., Richard Dyer (New York: Zoetrope, 1977) ; Robin Wood, "Responsibilities of a Gay Film Critic," *Film Comment,* January Issue (1978).

＊12　例えば、一九九九年に出版されたクィア理論と映画に関する論集のタイトルに、カットされた撮影場面あるいはショットを意味する『アウトテイクス』という名を与えた編者のエリス・ハンソンはこの書物について「フィルムのクィア理論家として、私たちは「アウトテイク」として構築されてきた観点、映画批評の歴史から削除されてきたある固有のテイク（撮影された場面、ショット）あるいは観点を呈示するのだ」と語る。ハンソンにとって映画におけるクィアネスは「カットされた部分」にあり、マルヴィが論じた「見られるべきもの」としての女性を反転させた「見られるべきではないもの（should-not-be-looked-at-ness)」としてある。Ellis Hanson, "Introduction," in *Out Takes : Essays on Queer Theory and Film,* ed. Ellis Hanson (Durham: Duke University Press, 1999), 18-19.

＊13　Johannes Fabian, *Time and the Other : How Anthropology Makes Its Object* (New York: Columbia University Press, 1983) ; Dipesh Chakrabarty, *Provincializing Europe : Postcolonial Thought and Historical Difference* (Princeton, NJ: Princeton University Press, 2000).

＊14　フレドリック・ジェイムソンはポストモダニティのひとつに「永遠の現在」を挙げるが、こうしたポストモダン的時間論を参照しつつ、ハルバシュタムが指摘するクィアな時間性のひとつが「持続する現在」である。フレドリック・ジェイムソン「ポストモダニズムと消費社会」『反美学――ポストモダンの諸相』ハル・フォスター編、室井尚・吉岡洋訳、勁草書房、一九八七年、一九九―二三〇頁。Judith Halberstam, *In a Queer Time and Place : Transgender Bodies, Subcultural Lives* (New York: New York University Press, 2005), 11.

＊15　Valerie Traub, "The New Unhistoricism in Queer Studies," *PMLA* 128 : 1 (2013): 21-39. 歴史主義に対するクィア批判の例として以下を参照されたい。Carolyn Dinshaw, *Getting Medieval : Sexualities and Communities, Pre- and Post-modern* (Durham and London: Duke University Press, 1999) ; Jonathan Goldberg, "The History That Will Be," in *Premodern Sexualities,* ed., Louise Fradenburg and Carla Freccero (New York: Routledge, 1996), 3-21; Madhavi Menon, *Unhistorical Shakespeare : Queer Theory in Shakespearean Literature and Film* (New York: Palgrave, 2008) ;

Carla Freccero, *Queer/Early/Modern* (Durham and London: Duke University Press, 2006); Elizabeth Freeman, *Time Binds: Queer Temporalities, Queer Histories* (Durham and London: Duke University Press, 2010). こうした動きを「クィア・スタディーズの新・非歴史主義」と呼ぶヴァレリー・トラウブの批判的応答については以下を参照のこと。Valerie Traub, "The New Unhistoricism in Queer Studies," *PMLA* 128:1 (January 2013): 21-39.

*16 イヴ・コソフスキー・セジウィック「パラノイア的読解と修復的読解、あるいは、とってもパラノイアなあなたのことだからこのエッセイも自分のことだと思ってるでしょ」岸まどか訳『エクリヲ』第一二号、二〇二〇年、一八六頁。

*17 例えば、フレドリック・ジェイムソンにとって、時間の連続性という感覚を喪失した「分裂病的な経験」はポストモダニズムが示す重要な兆候である。注一四を参照のこと。

*18 「新即物主義」という用語を考案したとされるグスタフ・ハルトラウプによれば、この新しいリアリズムは、当時のドイツを覆っていた諦念と冷笑、物事を物質的基盤に立って客観的に把握しようと身近な現実に熱中するといった、ふたつの感情的傾向を合わせもったものである。そして、ジークフリート・クラカウアーによれば、新即物主義に取り組んだ監督のなかで傑出していたのが、パプストである。ジークフリート・クラカウアー『カリガリからヒトラーへ――ドイツ映画一九一八―一九三三における集団心理の構造分析』丸尾定訳（みすず書房、一九七〇年）。田中雄次によれば、「真実主義」と「新即物主義」と呼ばれるリアリズム映画は、ドーズ・プランによってドイツ経済が安定した一九二四年頃に登場し、表現主義と並行して発展したという。田中は新即物主義を「モノをそのものとして眺め、現実を現実として受け入れ」るものとし、「合理的構成と現実凝視の細密描写」にその特徴を見る。田中雄次『ワイマール映画研究――ドイツ国民映画の展開と変容』熊本出版文化会館、二〇〇八年、四三―四四頁。

*19 Russo, *The Celluloid Closet*, 24.

*20 ワイマール期ドイツにおける「女性の男性化」や「アンドロジニー」に見られるジェンダー規範の侵犯とそれに対する強い反発については以下を参照のこと。Katie Sutton, *The Masculine Woman in Weimar Germany* (New York and Oxford: Berghahn, 2011); Patrice Petro, *Joyless Street: Women and Melodramatic Representation in Weimar Germany* (Princeton: Princeton University Press, 1989); Thomas Elsaesser, *Weimar Cinema and After: Germany's Historical Imaginary* (London and New York: Routledge, 2000).

*21 Sutton, *The Masculine Woman in Weimar Germany*, 25-65.

*22 Sutton, *The Masculine Woman in Weimar Germany*, 37.

＊23　*Die Freundin* や *Garçonne* といった若い女性向けの雑誌は、ボーイッシュなファションやヘアスタイルに関して、エロティックな遊び心や性的ニュアンスに富む内容の記事を掲載するとともに、「コード化」された広告をレズビアン読者に向けて打っていたという。Sutton, *The Masculine Woman in Weimar Germany*, 32.

＊24　セクソロジーや精神分析モデル、およびモダニズム文学と結びつけられた倒錯的レズビアンのイメージは往々にして男性化されたものでもある。以下を参照されたい。Andrea Weiss, *Vampires and Violets : Lesbians in Film* (New York: Penguin Books, 1992), 21–22.

＊25　Mitchell Morris, "Admiring the Countess Geschwitz," in *En Travesti : Women, Gender Subversion, Opera*, ed., Corinne E. Blackmer and Patricia Juliana Smith (New York: Columbia University Press, 1995), 352. エルセサーは、原作者のフランク・ヴェーデキントがこの作品において貴族階級の没落と開放的で非生産的なセクシュアリティを寿ぐブルジョワ階級が対比されていることをと指摘し、「ルルではなく、ガシュヴィッツこそが悲劇的な人物なのだ」というヴェーデキントの言葉を引用しながら、当時の「性革命」に対するヴェーデキントの批判と政治的アジェンダを読み込んでいる。Elsaesser, *Weimar Cinema and After*, 263–264.

＊26　マリー・アントワネットに代表されるフランス宮廷とレズビアニズムの関連については以下を参照されたい。Terry Castle, *The Female Thermometer : Eighteenth-Century Culture and the Invention of the Uncanny* (New York and Oxford: Oxford University Press, 1995)、および拙稿「クィア・シネマの現在」、六三頁。また、一九二〇年代のイギリスで登場する貴族的レズビアニズムについては以下を参照のこと。Laura Doan, *Fashioning Sapphism : The Origins of a Modern English Lesbian Culture* (New York: Columbia University Press, 2001) ; Martha Vicinus, *Intimate Friends : Women Who Loved Women*, 1778–1928 (Chicago and London: Chicago University Press, 2004).

＊27　Barry Paris, *Louise Brooks* (New York: Alfred K. Knopf, 1989), 416; Louise Brooks, *Lulu in Hollywood* (Minneapolis: University of Minnesota Press, 2000).

＊28　ブルックスとレズビアニズムとの関係については、自伝およびバリー・パリスによる伝記に詳しい。例えば、ハーマン・ワインバーグへの手紙のなかでブルックスは以下のように記している。「私が死んだら、映画ライターたちはわたしがレズビアンだったって話を書き立てるでしょうね。［中略］そう思われることをたくさんしてきたのだし。［中略］私の女友達はみなレズビアンだった。好奇心から2人の女性とも関係をもったけど、どうってことなかったわ」。Paris, *Louise Brooks*, 417.

＊29　Brooks, *Lulu in Hollywood*, 96.

＊30 Elsaesser, *Weimar Cinema and After*, 286.

＊31 Elsaesser, *Weimar Cinema and After*, 271, 273.

＊32 Elsaesser, *Weimar Cinema and After*, 271.

＊33 Mary Ann Doane, *Femmes Fatales : Feminism, Film Theory, Psychoanalysis* (New York and Lcndon: Routledge, 1991), 150.

＊34 Elsaesser, *Weimar Cinema and After*, 269.

＊35 Petro, *Joyless Streets*, 80.

＊36 Brooks, *Lulu in Hollywood*, 99.

＊37 Weiss, *Vampires and Violets*, 22.

第2章

アメリカ合衆国のゲイ解放運動の表象に向けて

『真夜中のパーティ』から『ミルク』まで

河口和也

ストーンウォール・インの暴動以前——『真夜中のパーティ』（ニューヨーク）

アメリカのLGBT向け老舗雑誌『The Advocate』は、二〇一八年六／七月合併号のなかで、『真夜中のパーティ』の演劇版再演の特集を行った。『真夜中のパーティ（原題：The Boys in the Band）』は、脚本家マート・クロウリーによる戯曲であり、一九六八年四月にオフ・ブロードウェイで初演された。これは、ニューヨークのアッパーイーストサイドにあるアパートで開かれたゲイの誕生日パーティを中心に繰り広げられるゲイ演劇の古典とも言っていいような作品である。登場するのは、さまざまな背景をもつ九人のゲイとバイセクシュアル男性である。『The Advocate』が五〇年前の演劇を取り上げた理由のひとつは、初演から五〇周年記念としてリバイバル上演されることによる。この上演で起用された役者たちのほとんどは、現在アメリカのテレビドラマなどで主演を任されるような人物ばかりである。

本作品は、当初演劇作品として脚本家のマート・クロウリーによって書かれたもので、その初演は、一九六八年四月にニューヨークのオフ・ブロードウェイの劇場「シアター・フォー」で行われた。演出は、ロバート・ムーア、美術担当はピーター・ハーヴェイであったという。オフ・ブロードウェイの小さな劇場でのこの戯曲の初演に対して、ニューヨークタイムズ、ニューヨーク・ポスト、ワシントン・ポスト、ウォールストリート・ジャーナル、タイム誌、ニューヨーカー誌、ニューズウィーク誌などの主流の新聞や雑誌などが熱烈な賛辞を贈った。このような形でロングランを達成し、海外の多くの都市でも上演されるほどの大成功を収めた演劇に、映画関係者が目をつけるのは時間の問題であったと言いたいところだが、実際には、演劇での初演以前の一九六八年一月のヴァンダム・シアターにおけるワークショップでの上演の際に、すでにユニヴァーサル映画が映画化の話を持ち掛けていたとも言われている。しかし、最終的には、シネマ・センター・フィルムズ（ＣＣＦ）という映画会社が映画化の権利を獲得することになった。

ＣＣＦを選択したのは脚本家のマート・クロウリー本人だったようだが、その選択理由は、映画会社自体が設立直後であったことから、映画の制作と脚本をクロウリー本人に任せるという条件を会社が受け入れたからであろうと言われている。クロウリー自身の希望は、演劇作品の俳優たちを映画でも起用することであった。その希望は聞き入れられることとなった。また、映画監督を演劇の演出担当であるロバート・ムーアに任せたいと思っていたが、ムーアのスケジュールが合わず、当時の新進気鋭の映画監督、ウィリアム・フリードキンを起用することになったようだ。

この作品には、九人のキャラクターが登場する。現在失業中で、失業保険で生活をしており舞台となるパーティの主催者であるマイケル、その恋人のドナルド、パーティのメインゲストで三二歳の誕生日を迎えたユダヤ人のハロルド、インテリアの仕事をするエモリー、数学教師でラリーと同棲中の結婚歴のあるハンク、その同棲中の恋人でファッション写真家のラリー、書店で働くバーナード、マイケルの大学時代からの友人で弁護士のアラン、エモリーがハロルドに誕生日プレゼントとして贈った男娼のロバート（カウボーイ）。

ハロルドの誕生日パーティを自宅で開くマイケル。パーティの準備中に友人アランから電話。妻子あるノンケの男性だが、その電話で泣きながら会えないかとマイケルに懇願した。マイケルはアランをパーティに呼ぶ。彼の訪問により、パーティはあらぬ方向へと舵を切り始める。

オネエ言葉でしゃべり続ける「女性的な」オネエのエモリーに対して「ノンケ」のアランはいい印象をもてない。ある言葉が起爆剤となり、エモリーはアランから殴り掛かられ、顔から流血する。（演劇版では「第一幕の終わり」）

そこにパーティの主役ハロルド登場。ユダヤ系のゲイで、皮肉たっぷりの性格。立ち居振る舞いや話し方は、オネエの特徴だ。

そのとき、マイケルがあるゲームの提案をする。そのゲームとは、一人の、自分が本当に愛したと思える人に電話をするというもの。このゲームも終わりにさしかかったとき、マイケルはアランにけしかける。

マイケルが語るアランとの学生生活に起きたこと。マイケルは、実は学生のときの親友ジャスティンとアランが関係をもっていたことを知っていた。彼らは女の子と付き合いながら、つまり自分をだましながら、お互いは肉体関係をもっていたのだ。マイケルはそれを責め立てた。マイケルは、アランにジャスティンに電話して謝るよう命ずる。彼は電話をかける。「君に一言いいたかったんだ。君を愛してる。」と相手に話した。しかし、その相手はジャスティンではなく、アランの妻、フランだったのだ。

リビングに残ったマイケルとドナルド。自分がしたことを悔いて、号泣し始めるマイケル。不安症のパニックで発作を起こしたのだ。友達に対しても憎しみをもってしまう自分が許せないマイケルに対して、ドナルドはもっと努力すればよくなると慰める。発作が治まると、マイケルは深夜ミサにでかけようとする。

この作品は、もともと演劇作品として書かれただけあって、冒頭のニューヨークの街並みのシーン以外、舞台はマイケルのアパートメントの一室に限られている。そうしたことから、ストーリー展開は、登場人物のキャラクターによる会話と心理描写（の移り変わり）によって進んでいく。

ホモファイル時代における「自己嫌悪」の物語

アメリカ、とくにこの作品が舞台となっているニューヨークでは、性的マイノリティをめぐり、一九六九年六月に起きた「ストーンウォール・インの暴動」は、それ以前の時代とそれ以後の時代を大きく分ける出来事として記憶されるものとなっている。つまり、一九六九年六月以前は、運動史的に見れば、異性愛体制に対してある種の同化主義的な特徴を有するホモファイル運動の時代であり、性的マイノリティは、自分のセクシュアリティを主張することなく、そのセクシュアリティに対する「理解」を求めるというようなものであった。一九六九年以後には、性的マイノリティは、異性愛体制のなかでセクシュアリティにおける差異を明確に打ち出し、カミングアウトの実践をとおして、アイデンティティやコミュニティを形成する方向に向かったのである。こうした背景を踏まえると、一九六八年に初演の「真夜中のパーティ」は、ホモファイルの時代に属するものと規定できる。しかしながら、映画版が上映されたのは、一九七〇年であり、性的マイノリティをめぐる状況は、一九六九年以降の解放主義的な運動が始まっている時代に突入していたのである。

この作品が世に出てきた時代は、アメリカの性的マイノリティの歴史では、ひとつのメルクマールとなる時期であり、したがって、この作品がもつ意味や評価が大きく変わってくる微妙な時でもあったとも言える。登場人物の台詞には、時代を表すものは出てこないが、マイケルの部屋のバルコニーのシーンでは、あまり気づかれないかもしれないが、「Summer NYC 1968」と書かれたボードが置いてある。このボードが映画の中の時代設定を表示し、確定していることがわかる。

アメリカの映画業界では、The Motion Picture Production Code、いわゆる「ヘイズ・コード」といわれる自主規制条項が存在していた。一九三〇年から一九六八年まで、アメリカ映画業界はこの法規により規制を受けていたのだ。この規制のなかには、殺人シーン、猥褻シーン、セックスシーン、ダンスシーンなどにかかわるさまざまなものが含まれていたが、セックスシーンのカテゴリーに、「性的倒錯」が入っており、同性愛表現はこのカテゴリーのなかで規制をかけられていた。その意味で、この映画は、「ヘイズ・コード」解禁後はじめて同性愛者による「集団的（コミュニティ的）」表現を表立って行った作品となったのである。

映画のなかで「一九六八年」という時期が明示されたことは、この映画を見る人たち、それも当事者たちにとっての大きな意味があったようだ。ストーンウォール・インの暴動以降のアメリカの同性愛者のコミュニティや運動の歴史を知る者にとって、この映画のなかに描き出されている当事者たちの姿や心理的表現は、共通の経験であった。差別や抑圧に取り巻かれた日常生活、そうした状況がもたらす心理的な葛藤や痛み、そしてその帰結としての自己嫌悪や自己否定。それらの存在が、同性愛者たちの出会いを困難にし、その出会いは、ひそかに行われねばならず、出会ったとしても自分たちの情報を容易には伝えられない、したがって、この映画は、同性愛者たちの親交や交流を深めることを妨げることになるような、そうした過去の歴史を思い出させ、伝えるものとなった。そういう意味では、抑圧と差別の歴史のなかで、「不幸」にならざるをえない状況が描き出されている。この映画のなかの有名な台詞として、不安症で発作を起こしたマイケルが放つ「幸せな同性愛者がいたらみせてみろ、そしたらゲイの死体を見せてやる（You show me a happy homosexual, and I'll show you a gay corpse.）」という言葉がある。まさに、ゲイの人々がスティグマ化され、それによって自己を肯定する機会を奪われていたことがよくわかる。

しかし、この映画では、同性愛者を取り巻く「悲惨さ」や「不幸」、「自己嫌悪」ばかりが描きだされているわけではない。バーナードは、書店で働く黒人のゲイであり、マート・クロウリーによる原作の翻訳の登場人物では、「男前」と説明されている。彼の人種については指示されているものの、彼と仲の良いエモリーについては、人種やエスニシティの指示はない。「小柄で華奢」という説明書きがあり、そこからだけでは判断できないが、映画での配役（クリフ・ゴーマン）は、ラテン系の出自に見えるし、また五〇周年記念の演劇版ではロビン・デ・ヘススという明らかにラテン系出自の俳優をこの役に充てている。このようなことから推測すると、バーナードとエモリーは、ともに有色人種のバックグラウンドを持つことになり、アメリカのゲイの仲間内ではマイノリティに属することになる。エモリーは、バーナードに対して「ニグロ」という言葉を用いたり、肌の色が黒いことをあげつらって「スペードの女王」と呼ぶ。こうした表現は、侮蔑や差別ではなく、むしろマイノリティどうしのあいだでは気心知れた親愛を示す表現となる。マイノリティのなかのマイノリティどうしが支えあうような、そうした関係性を示しているようにも見え、またそれはマイノリティ集団内部における差異を表示しているのである。こうした差異の表示は、人種やエスニシティに限らない。マイケルの職業は定かではないものの、彼はブランドの商品を購入するために借金をしているように描きだされており、他方、清掃員の仕事をしているというドナルドは、ブランド商品を買い漁るような暮らしをしておらず、そうした生活にもあまり関心がないように見える。ドナルドはニューヨークに住んでいない設定になっており、大都市における消費文化とは無縁の存在としても描き出されているのであろう。カップルでありながら、ハンクは結婚歴があり、さらにモノガミー信者である一方で、その相手であるラリーは、セックスの相手と恋人やパートナーは別ものであり、したがって「浮気」は自由にさせてほしいというタイプである。そして、このパーティのゲストであるハロルドはユダヤ系であるが、それほど信心深いタイプではないし、またエモリーがハスラーを誕生日プレゼントとしてあてがうくらいなので、性的にも熟達しており、さらに物事を斜に見るような皮肉屋として設定されている。他方、パーティのホスト役のマイケルは、自分でも親に過保護に育てられ、そのことをトラウマとして感じ続けており、そのために性的には成熟できないと考えている。またカトリック教徒であり、ハロルドとは対照的に信心深く、パーティが終わった後にも深夜のミサにいくような人物として描かれている。このように見ると、たった数人の登場人物のなかに人種やエスニシティ、経済階層や成育歴など、まさにさまざまな差異による多様性が保持されていることがわかる。そして、一枚岩ではないゲイの集団の姿が表象されていると見なすこともできるのではないか。

このことは、この誕生日パーティにとっては「招かれざる客」であるアランのセクシュアリティへの対応とも関連する。アランは当初、「ストレート」という設定であった。しかし、パーティが進んでいくと、アランのストレートのセクシュアリティは、徐々に他の客たちのセクシュアリティと違わないことがわかってくる。ゲイという同質集団の中の「差異」と、異性愛と同性愛というセクシュアリティの「差異」は、それほど違うものではないということがあらわになってくるのである。であるからこそ、アランから殴り掛かられるという暴力を受けたエモリーでさえも、アランを受け入れるような素振りを見せるようになる。人間のセクシュアリティとは、既婚／未婚、性的意識の対象となる性別ではそれほど容易には確定されないということは、キンゼイ・レポートの知見を参照するまでもなく、この集団でも明らかにされているのだ。

ゲイ・リベレーションの「ヒーロー」――『ハーヴェイ・ミルクの時代』(サンフランシスコ)

『真夜中のパーティ』が上映されて間もない一九七二年、ハーベイ・ミルクという一人のゲイがニューヨークから西海岸のサンフランシスコに移り住んできた。ミルクはのちの一九七七年にアメリカでゲイであることをカミングアウトして政治家という公職に就いた最初の人物として有名になった。サンフランシスコ市の市政執行委員という公職選挙に三度出馬し、三度目の選挙で見事当選を果たしたのである。一九七〇年代初頭のサンフランシスコは、ベトナム戦争に対する反戦運動やヒッピームーブメントのメッカとなっており、また「性革命」にも傾倒する若者たちが多く集まってきていた。ニューヨークでは共和党を支持し、ウォール街のビジネスマンを経験したミルクであったが、そうした物質主義に対しても嫌気がさしてきた。反体制、そしてカウンターカルチャーの価値観が社会の、とくに若者層に浸透しつつある時代であった。ミルクは、一九六八年に恋人のジャック・マッキンレーがミュージカル「ヘアー」に参加するということで、一緒にサンフランシスコにやってきた。彼は政治家という堅いイメージの裏側に、ミュージカルやオペラの大ファンという顔をもっていた。いったんは、サンフランシスコの金融業界で職を得るも、一九七〇年に都市部で起きたデモ集会に参加し、戦争に加担する大企業への非難を表すために、公衆の面前で銀行のクレジットカードを燃やしたのだった。そのことにより、ミルクは会社を解雇され、ニューヨークに戻ることになった。このときのサンフランシスコ滞在のあいだに、ミルクは、「サンフランシスコの市長になりたいな」と語っていたようだ。

ミルクが再びサンフランシスコを訪れるのは、それから二年後の一九七二年。恋多きミルクは、新しい恋人スコット・スミスと一緒にやってきて、カストロ地区にカメラ店を開店した。ここからミルクによるゲイタウン、カストロを基盤にした政治活動が始まっていくことになる。

このようなミルクのサンフランシスコでの政治活動を追ったドキュメンタリー映画『ハーヴェイ・ミルク(The Times of Harvey Milk)』(一九八四年)を制作／監督したのは、ロバート・エプスタインとリチャード・シュミーセンだ。エプスタインは、性的マイノリティに関するドキュメンタリー作品を多く手掛けており、『セルロイド・クローゼット』や『刑法一七五条』は有名である。『ハーヴェイ・ミルク』は、おもにミルクがサンフランシスコに移り住み、そのなかで市政執行委員の選挙に出馬し、一九七七年に当選し、翌年に元同僚議員であったダン・ホワイトにより市長のジョージ・モスコーニとともに市庁舎内で殺害されるまでの出来事を、周りで彼にかかわった多くの人たちの証言と、実際に残されていた記録フィルムの映像をもとに構成されている。当選した選挙の際の選挙マネージャーであったアン・クローネンバーグ、当時ゲイの教師であり、同性愛者の教師を学校から追放しようという提案六号に対する反対運動で関わりのあったトム・アミアーノ、提案六号反対運動の際にパブリックな討論会でミルクとともに法案提案者のブリッグズに対峙したサンフランシスコ州立大学教授のサリー・ギアハート、流産をしたときにそれほど親しくなかったミルクが見舞ったことが出会いのきっかけであるという政治顧問のトリー・ハートマン、自動車工で労働者協議会でもミルクと一緒になっていたジム・エリオット、中国系のエスニックマイノリティであり中国人雇用平等促進会理事長を務めミルクの政治活動をよく知るヘンリー・ダー、テレビリポーターのジーニン・ヨーマンズ、ミルクのもとで政治を学んでいた駆け出しの活動家のビル・クラウスなど、当時のミルクの政治活動だけではなく、その性格や人となりを知る友人や知人の語りが、記録映像とともに挿入されている。映画で使われた語りは、制作にあたり一〇〇人近くの人にインタビューした結果、選りすぐりの八人のもののようだ。

映画を見ていると、いかにミルクが多くの人と交流をもち、またそうした交際において、「言葉のひと」であったかがわかる。つねにミルクの周囲には多くの人がおり、彼はつねにしゃべっている印象を受ける。その多弁さの真骨頂は、ミルクのスピーチのなかで発揮されていた。二〇一三年に出版されたハーヴェイ・ミルクの演説集『ハーヴェイ・ミルク　希望のアーカイヴ（Harvey Milk: An Archive of Hope)』のなかには、一九七三年から一九七八年までのミルクによるさまざまなところで行われたスピーチが収録されている。

多くのスピーチがあるが、そのエッセンスはきわめてシンプルである。「カムアウトせよ」ということである。そして、希望を持てと。カミングアウトと希望、それはミルクの最も重要で、コミュニティに伝えたかったメッセージだった。一九六〇年代をニューヨークで暮らしていたミルクの生活は、まさに「真夜中のパーティ」に匹敵するような、セクシュアリティを隠すクローゼットとそれに伴う自己卑下や自己嫌悪に苛まれたものであったかもしれない。そうした状況に対する回心か反動か、ミルクはひたすらカミングアウトすることを自ら実践し、同時に人々にも勧めていた。当選した翌年一九七八年のゲイ・フリーダム・パレードで行進する車上からミルクは、「カムアウトしよう！」と呼びかける。パレードのテーマも「喜びをもってカムアウトしよう！　正義のために声を上げよう！（Come Out with Joy, Speak Out for Justice.）」であった。一九七〇年代からのゲイ解放主義運動の特徴であった「可視化」戦略の絶頂期であったとも言える。この特徴は、ハーヴェイ・ミルクという政治家の登場と選挙での当選という出来事でまさに現実化したものであった。

映画のなかでは場面としては表現されていないが、ミルクの演説でとくに有名なスピーチがある。「希望を持たなければならない（You've Got To Have Hope）」と題されたものだ。これは一九七七年の選挙に出馬する際に行われたスピーチで、そこで強調されたことは希望の必要性であった。カミングアウトできるような「強い」人々でさえも、希望なしではやっていけないし、そのような人々こそ希望を待ち望んでいる、と。ミルクは、このスピーチの聴衆にも、その希望を与える側になることも切望する。ゲイだけではなく、黒人にも、老人にも、貧困にあえぐ人にも、そして障害を持った人にも、希望は必要であるからとミルクはいう*1。

しかし、一九七八年一一月二七日、この希望、少なくともゲイ・コミュニティにおける希望は、絶望に変わってしまった。希望を語っていたハーヴェイ・ミルク本人がモスコーニ市長とともに、同僚議員のダン・ホワイトにより市庁舎内で殺害されてしまったのだ。その知らせを聴いた市民たちは、驚愕し、茫然し、混乱した。事態の状況が徐々に明らかになってくると、サンフランシスコの街は悲しみにくれ、沈黙のなかでミルクとモスコーニの死を悼んだ。キャンドルをもった市民たちが、静まり返ったなか市の目抜き通りであるマーケット通りを言葉もなく行進する映像が印象的に映し出されている。

ゲイ・リベレーションの歴史化——劇映画としての『ミルク』

ガス・ヴァン・サント監督による映画『ミルク』は、ドキュメンタリー版『ハーヴェイ・ミルク』を忠実に下敷きにして制作された伝記映画と言ってよい。制作年は、二〇〇八年。『ハーヴェイ・ミルク』と異なる部分は、こちらの映画のほうが、ミルクの人間味ある側面をより強く描きだしている点である。ドキュメンタリーは、政治家としての側面をより強く打ち出しているために、プライベートな、人間的な面については友人たちの語りのなかでは若干出てくるものの、それほど語られてはいなかった。それに対して、『ミルク』のほうはミルク自身の恋愛関係や内面をより重視しているように感じられる。ミルクは恋人の何人かを自死により喪ってきた。映画のなかでもカストロで出会った恋人ジャック・リラが死を選んだシーンが描かれている。彼が政治に首を突っ込むきっかけとなった理由のひとつは、恋人のように命を絶ってしまう若いゲイの存在であったとも言える。そのためにも、希望の持てる社会を構想すること、そしてプレッシャーに押しつぶされそうになった時に、逃げ込める場所を作ることであった。まさに、コミュニティとしてのカストロはそうした人々を受け入れる場所を作り上げてきていたのである。

一九八四年の『ハーヴェイ・ミルク』と二〇〇八年の『ミルク』は、ドキュメンタリー映画と伝記映画という違いは存在するが、ストーリーや描かれ方においては、それほど大きな違いはない。しかし、ひとつだけ論争を呼びそうな相違点が存在する。ミルクが殺害されたあと、殺害者であるダン・ホワイトの裁判が始まり、二人の人を殺害したにもかかわらず最終的にはホワイトは七年八か月の刑を宣告されただけだった。この判決に対して、サンフランシスコのゲイ・コミュニティは怒りを表出し、市庁舎に対して暴動を起こしたのであった。火炎瓶を投げ、自動車に火をつけた。いわゆる「ホワイト・ナイトの暴動（White Night Riot）」と呼ばれている事件である。この部分のシーンは、一九八四年の『ハーヴェイ・ミルク』にしか表現されていない。ホモフォビアによる暴力に対して、「暴動」という暴力で対抗することは、人々に倫理的な判断を要請する。ミルクの死に対しては、静寂や沈黙をもってコミュニティは対応した。しかし、ホモフォビアに対しては、ある種の暴力で対抗したからである。こうした静と動による反応の対比は映画のなかで鮮明に表現されていた。この部分では、解放主義的な運動展開の中で、コミュニティは怒りの表出の方法論を新たに手にしたと言える。

一九六八年の『真夜中のパーティ』から一九七八年のゲイ・コミュニティを取り上げた『ハーヴェイ・ミルク』までの時代。この時代は、現在から考えると、たった一〇年のあいだではあるが、少なくともアメリカの性的マイノリティのコミュニティが大きな変容を遂げた、他に類をみないような時代であったことがわかる。ニューヨークのアパートの一室というクローゼットから解き放たれ、サンフランシスコの街の目抜き通りをパレードや追悼、そして「暴動」のために性的マイノリティの群衆が行進し、集結することができるようになるという変化を遂げた時代であった。まさに解放主義的な運動の時代である。このようにして考えると、不可視の時代から可視の時代へ、クローゼットからカミングアウトへという単一の流れによって判断されがちであるが、はたしてそうであろうか。

『真夜中のパーティ』では、一室で行われたパーティという設定ではあったが、大団円のゲームとして、好きだった人、愛した人に対してその愛を告白するということが行われる。これはカミングアウトであるとも言える。

もちろん相手は一人の人でしかないが、それでも自分のセクシュアリティを告げることにおいては、カミングアウトであり、その相手には、自分のセクシュアリティが可視化されることになる。また、クローゼットは映画という装置により目に見えるものとされている。それは、ヴィト・ルッソによる『セルロイド・クローゼット』を見ても明らかである。カミングアウトしている政治家であっても、何もかも見えるようにしているのではなく、クローゼットをつねに伴っていることを『ミルク』は教えてくれる。このように、可視／不可視の関係は、明確な境界線により提示されるのではなく、むしろ不安定な／流動的な線引きにより規定されているのではないだろうか。

『真夜中のパーティ』における怒りは、パーティという狭い人間関係のなかにいる人々に対して向けられる。自分自身が抱え込んでいる不安や苦悩は、怒りとなって親密な他者に向けられる。小さなコミュニティのなかで怒りは連鎖され、それは最終的に自己嫌悪という形をとって自分に戻ってくる。このコミュニティが可視化され、いっそう大きくなると、その怒りは外部の他者に向けられるようになる。そして、時には暴力の形をとって現実化することもある。マイノリティにとって、この怒りの処理はつねに問題含みとなる。差別されているという怒りをどこに向けたらよいのか、どのような形で表出すればよいのか、このことはそれほど単純ではない。ましてやそれが暴力となって行使されるときには、差別される側のマイノリティ集団による差別への対抗手段であってももちろん許されるはずもない。このような意味で、一九八四年のドキュメンタリーは、論争を呼ぶものでもあったのだ。

ミルクの死後、まもなくゲイのコミュニティでは、人々が病に倒れ、多くが死に向かう病気に翻弄される時代が到来した。エイズの出現である。この病気に対しては、当初マイノリティの病気であると考えられたことから、政治はまったく無策を決め込み、それによる感染が広がった。このなかから、コミュニティを基盤にしたエイズ・アクティヴィズムが創造され、その戦法も洗練化されることになる。エイズという新たな性感染症は、コミュニティに多くのものをもたらしたが、そのなかの怒りの表現といったものも、感情の単なる表出ではなく、戦略的なものとなり、より政治化された。ここではその展開を論じる紙幅に限りがあるので、他稿に譲ることとしたい。

注

＊1　Black, Jason Edward and Morris III, Charles E. (eds), *Harvey Milk : An Archive of Hope.* University of California Press, 2013, p. 155.

参考文献

Altman, Dennis, *Homosexual : Oppression and Liberation.* New York University Press, 1971.（岡島克樹・河口和也・風間孝訳『ゲイ・アイデンティティ――抑圧と解放』岩波書店、二〇一〇年）

Anderson-Minshall, Diane, “The Boys Are Back.” *The Advocate.* June/July, 2018. pp. 68-75.

Bell, Matt (ed.), *The Boys in the Band : Flashpoints of Cinema, History, and Queer Politics.* Wayne State University Press, 2016.

Hanhardt, Christina B., “LAUREL and Harvey: Screening militant gay liberalism and lesbian feminist radicalism circa 1980.” *Women & Performance : a Journal of feminist theory,* 23 : 1, 2013. pp. 17-37.

Kate, Steven, “Gay men on film: A typology of the scopophilic consumption pleasures of cultural text.” *Consumption, Markets and Culture,* 2000. pp. 281-313.

McKinnon, Scott, The Activist Cinema-Goer: Gay Liberation at the Movies. *History Australia,* 10 : 1, 2013 pp. 125-143.

Stryker, Susan, *Transgender History : The Roots of Today's Revolution.* Seal Press, 2008 (2017 Revised Edition).

第3章

溶け込まずに生き延びること
映画におけるバイセクシュアリティ表象を読む

長島佐恵子

はじめに

一九九七年の論考において竹村和子は、バイセクシュアリティの言説は「近年のレズビアン／ゲイ研究においても看過されがち」であると書いた[*1]。二〇一五年には青山薫が「バイセクシュアリティに関して言語化されることが少なく、隣にいるのに理解が進まない」と述べている[*2]。そして二〇一八年、『ハンパな私じゃダメかしら?』（二〇一四年）をはじめバイセクシュアリティをテーマにした作品で知られる映画作家のデジレー・アカヴァンは、インディペンデント紙のインタビューで、バイセクシュアリティは「クィアな世界とストレートな世界どちらにおいてもタブー」であると語っている[*3]。このように一九九〇年代から現在に至るまで、バイセクシュアリティは論じにくく表現されにくいセクシュアリティとして存在し続けている。青山が「脚注のセクシュアリティ」と呼ぶように[*4]、偏在する「ＬＧＢＴ」の括りの中に含まれていても、バイセクシュアリティが単体で論じられることは少ないままだ。

ただし、二〇一〇年代に入ってからアカヴァンのように本格的にバイセクシュアリティの表象に取り組む作家も登場しており、テレビドラマでもバイセクシュアルの登場人物が新しい描かれ方をし始めているようだ。本章ではこのような文脈から、映画におけるバイセクシュアル表象を読み解くためのいくつかの論点を確認し、その上で具体的な映画作品を論じてみたい。

バイセクシュアリティの表象をめぐって

❖バイセクシュアル主体の困難

バイセクシュアリティの理論的理解においてまず重要なのは、モノセクシュアリティという概念だ。これは一般に、人の性的指向は一つのジェンダーにのみに限定されて向かうと考えることである。わたしたちの社会を規定している性別二元論とモノセクシュアリティが組み合わさると、性的指向とは異性愛か同性愛かのいずれかに分類されるという性的指向の二元論になる。ここにさらにモノガミー、つまり性愛関係を一対一に限定する制度を重ねると、モノセクシズムと名づけられる一つの規範が見えてくる。

モノセクシズムのもとで、バイセクシュアルな主体はしばしば不可視となるか、あるいは逸脱として糾弾されがちだ。特定の一人と関係を持っているバイセクシュアルは、その時点でのパートナーのジェンダーとの組み合わせで同性愛または異性愛者と見なされてしまうし、同時に複数のジェンダーを含む三人以上の関係として現れる場合は、性的な放縦や不誠実さと見做され二重に咎められることになるのだ。

バイセクシュアル主体の不可視化、ならびに可視化に伴うスティグマに抗うにあたっては、このような社会規範としての強制的モノセクシズムに目を向けることがまずは必要となる（ただし、クレア・ヘミングスが指摘するように、モノセクシュアリティとの対照のみを強調してバイセクシュアリティを論じようとすると、同性愛と異性愛がともにモノセクシュアリティに括られてその間の差異が見えなくなったり、男女間の権力構造の不平等が消去されてしまったりという問題も生じるため、その点は慎重になる必要がある*5)。

もう一点、バイセクシュアリティを捉える上で重要なのが、時間性である。一般に、性的アイデンティティ形成の条件として、時間の経過の中での一貫性、継続性が求められるとヘミングスは説明する*6。現在おかれた状況をアイデンティティとして成立させるには、そこから遡った過去の意味づけと、その先に一つのナラティヴとしてつながる未来の予測が必要となる。その際にモノセクシズム規範の力が働くと、たとえばある人物が現在の性的対象の選択とは異なる経験を過去に持っていた場合にも、現在のアイデンティティを支えるナラティヴにおいてそれは〈一時の誤り〉とされ、むしろモノセクシュアルである現状を〈正しい選択〉、〈本当のアイデンティティ〉として強化する要素とさえなり得る。そして逆に、自身のバイセクシュアリティを主張しようとするなら、継続する時間のスパンの中で常に二つのジェンダーに向かう欲望とそれを証明する複数の相手との経験を強調し続けるよう求められてしまうのだ。

❖バイセクシュアリティを読む、とは

このようなバイセクシュアリティの困難は、映画におけるバイセクシュアリティ表象の読解とどのように関わるのだろうか。

マリア・プラマッジオーレが一九九六年の先駆的なバイセクシュアル映画論で述べているように、同性愛者の権利獲得運動が進展し映画でも同性愛が描かれるようになっていく流れの中で、メインストリームの映画でも異性関係と同性関係を含む三角関係がモチーフとしてしばしば登場するようになった。だが、この三角関係がバイ

セクシュアルな関係として読まれることは少なく、むしろカップルの成立をナラティヴの結末に求めるロマンスの定型において、最終的には三人の関係から二人のカップリングに至るモノセクシュアルな枠組みで理解されることが多い[*7]。つまり、典型的な異性愛主義のプロットであれば、同性愛が一時の気の迷い、あるべきではない誘惑として否定され異性カップルの成立が物語を締めくくるし、逆に同性同士の関係に力点が置かれるのであれば、異性との関係は同性愛者として生きることを阻む障壁や〈本当の愛〉を示すための比較対象となる。どちらにしてもモノセクシュアルな解釈では、三角関係は相互排他的であるべき同性愛と異性愛の組み合わせとして理解され、両者はナラティヴの途中でたまたま併存するが最後にはどちらかを選ばないといけない。

たとえば、一九七〇年にオフ・ブロードウェイの舞台から映画化され、二〇二〇年にもリメイクされた『真夜中のパーティ』では、「本当に愛した相手」に電話をかけるゲームの中で、既婚者であるハンクはその場にいる現在の恋人ラリーに電話をかけて愛を告げ、離婚に向かう妻との過去を否定する。『バウンド』(リリー・ウォシャウスキー/ラナ・ウォシャウスキー、一九九六年)のコーキーはギャングの男に囲われてはいるが、それがむしろヴァイオレットとの関係を〈本当の愛〉として強調し、最後には二人はレズビアンカップルとして強制的異性愛から逃れ去る。『ブロークバック・マウンテン』(アン・リー、二〇〇五年)や『君の名前で僕を呼んで』(ルカ・グァダニーノ、二〇一七年)はより複雑な欲望の構造を描くが、やはり一般にはモノセクシュアルの枠組みに基づいて、物語のレベルにおける男性同士の恋愛が焦点化されることが多いのではないだろうか。

こうしたモノセクシュアルな解釈の枠組みから離れるために、プラマッジオーレが提唱したのが「フェンスの認識論」である[*8]。プラマッジオーレは、イヴ・セジウィックの『クローゼットの認識論』(一九九二)を受け、バイセクシュアリティを読み解くには、フェンスに腰掛けてさまざまな二項対立の両方を視界に入れる視点が重要だと説いた。ここでの二項対立とは、ジェンダーと性的指向だけではなく、映画製作者の思惑に対する観客の解釈などさまざまな項目を含み得る。

フェンスの視点は二項対立の存在とそれが突きつける規範自体を問題化する。そこから、物語のレベルから視覚表象に至るまで、モノセクシズムの決まりごとや製作側の思惑が誘導する解釈とそれに抗する読解とのせめぎ合いの中にバイセクシュアリティが可視化されるのだ。

このような視点から映画の中のバイセクシュアリティをどう読み解けるのか、ここからいくつかの具体的な作品を見ていきたい。なお、本章では、バイセクシュアリティの読解を通して、わたしたちの社会をいまだ根強く規定する二項対立とその中間地帯と想定される領域で働く力学を考え、二項対立を批評的に見ることを目指す。その意味で、同じくモノセクシズムに抗うセクシュアリティであるパンセクシュアリティ等と重なる論点も多いものの、ここではバイセクシュアル概念を基盤としていく。

〈壁〉をめぐる欲望

バイセクシュアリティをめぐる主要なテーマの一つに、忠誠と裏切りがある。不誠実さ、裏切りはバイセクシュアリティに付される典型的なスティグマだ。『ブロークバック・マウンテン』でも、ジャックとイニスの苦しみは、それぞれの妻の苦悩とも切り離せないものとして描かれていた。また、ネガティヴなバイセクシュアル女性の表象として常に言及される『氷の微笑』（ポール・バーホーベン、一九九二年）では、シャロン・ストーン演じるキャサリンが全く信頼できない邪悪なバイセクシュアル女性として登場した。

このように倫理的な価値判断が重ねられがちな忠誠と裏切りのテーマだが、その要素が異なる様相を見せるジャンルがスパイ映画だ。ヘミングスも、レズビアン女性と異性愛女性という二つの領域間で知の伝達をする存在として、バイセクシュアル女性をダブル・エージェントのメタファーで論じているが*9、諜報活動においては、そもそも忠誠と裏切りは表裏一体であり、単純な善悪の価値判断は適用できなくなる。

『アトミック・ブロンド』(デヴィッド・リーチ、二〇一七年)は、シャーリーズ・セロン演じるバイセクシュアルの諜報部員ローレン・ブロートンが、〈壁〉が壊される直前のベルリンで活躍するアクション映画だ。『アトミック・ブロンド』へのバイセクシュアル要素の導入は、数多ある冷戦を背景にしたスパイアクションと一線を画すための仕掛けだったというが、このフェンスならぬ〈壁〉をめぐる映画の中で、二項にこだわり、二項でできた構造に深く根差す欲望とバイセクシュアリティはどう関わるのだろうか。

『アトミック・ブロンド』の物語は「ベルリンの壁」崩壊の直前直後に展開される。物語の本筋は、壁崩壊の数日前にMI6から極秘の司令を受けてベルリンに送られたブロートンが、現地でジェームズ・マカヴォイ演じるもう一人のMI6諜報員デヴィッド・パーシヴァルと繰り広げる騙し合いだ。そして、任務を終えてロンドンに戻ったブロートンによって、その物語がMI6への報告としてフラッシュバックの形式で語られる構造になっている。

ブロートンは、任務のきっかけとなる映画冒頭で殺される男性諜報員と過去に恋愛関係にあったことが暗示され、また任務中にフランスの諜報員である女性のデルフィーヌ・ラサールと激しく親密な関係を持つ。このブロートンのバイセクシュアリティは、まずはたとえばジェームズ・ボンドの女性関係と同様に、特に葛藤や驚きを引き起こすこともなく描かれる。そもそも感情を見せない諜報部員という造形の中で、セクシュアリティが主人公の人間性を示す唯一の要素のようにも見えるが、それもどこまで〈真実〉なのかは定め難い。

むしろ、この作品で重要なのはブロートンとパーシヴァルの対比だろう。パーシヴァルは、〈壁〉で区切られ東西に分かれたベルリンに溶け込み、危ういバランスを保つ都市を複雑に区分する「すべての境界線」を熟知した男として描かれる。彼はこの政治的・地理的な二項対立とそれについての知識に依拠して生きており、その愛の対象は壁で二つに区切られたベルリンという都市そのものだ。『アトミック・ブロンド』で最も強いクィアな欲望は、このパーシヴァルの二項に分かれたベルリンそのものへの執着であるとさえ言えるかもしれない。〈壁〉の存続を願い、境界線が消去されることに抵抗するパーシヴァルに対して、ブロートンは手の内を明かさずに密かに情勢に介入していく。スパイアクション映画である本作においては、当然ながら二人の欲望や性的アイデンティティの探究は中心に置かれないが、もしこの映画に三角関係を見出すなら、ブロートンとパーシヴァル、そして第三項はベルリンだろう[*10]。

ブロートン自身が任務報告をするという語りの構造によって、観客は少なくとも彼女がベルリンから生還することを知っている。また、ベルリンの壁が崩壊することも知っている。同時に、ブロートンの行動を疑い問いただす上層部の視点によって彼女の語りを完全に信頼することもできないまま、観客はブロートンの物語に引き込まれつつ二重の視点に常に誘導され、不安定な状態を楽しむことになる。

このように、パーシヴァルの欲望と重ね合わせられ、また権威的な上層部との対立を含む語りの二重構造と絡められることで、ブロートンのバイセクシュアリティは、単なる二つのジェンダーを並列する欲望ではなく、境界線への執着に囚われず二項を見渡すフェンスの視点を示すのだ。

バイセクシュアリティをいかに視覚化するか

『アトミック・ブロンド』は、物語のレベルでのバイセクシュアリティだけでなく、視覚表象の技法においてもバイセクシュアリティを表現していると指摘されている。いわゆる「バイセクシュアル照明（bisexual lighting)」だ。

バイセクシュアル照明とは、バイセクシュアル・フラッグの色であるピンク、紫と青または水色を使ったネオンカラーの照明のことだ。映像作品ではBBC製作の連続ドラマ『Sherlock／シャーロック』（二〇一〇―二〇一七年）が先駆例として語られており、登場人物のバイセクシュアリティを暗示する仕掛けとして知られている。二〇一〇年代から流行している一九八〇年代風のレトロな雰囲気を売りとするドラマや映画の中で、この色合いをどこまでセクシュアリティと結びつけるかには議論もあるが、『アトミック・ブロンド』は意識的にバイセクシュアル照明効果を導入している典型例だと考えられる[*11]。

この映画では、まずブロートンがベルリンで滞在している部屋がバイセクシュアル照明に彩られている。しかし、そこで眠るブロートンが殺された元恋人のジェームズ・ガスコインの夢を見る場面は水色が基調となる。さらにラサールに出会うレストランのバーはバイセクシュアル照明が使われ、そこから二人のキスシーンに移行すると照明もピンク色に移行する。このように、ただ三色の照明を使うだけでなく、ブロートンのセクシュアリティとその場面ごとの指向性が暗示されるように異なる色が使われるのが『アトミック・ブロンド』のバイセクシュアル照明だ。

この照明の効果は、場面ごと、エピソードごとの照明とバイセクシュアルカラーを切り替えつつ常に組み合わせることで、ブロートンのセクシュアリティがモノセクシュアルではなくバイセクシュアルであることを示す空間的な可視化と言えよう。ちなみに、分割されたベルリンにフェティッシュ的に執着するパーシヴァルの登場場面にはベルリンの街の基調色となるくすんだ緑色が多用され、そこからもパーシヴァルがベルリンと不可分であることが示されている。

バイセクシュアル照明のもう一例としてあげられるのは、Netflixの連続テレビドラマ『ブラック・ミラー』

シーズン3の第四話「サン・ジュニペロ」（二〇一六年）だ。エミー賞も受賞したこのエピソードは、テクノロジーの暗い側面に焦点を当てる『ブラック・ミラー』シリーズの中では異色の、女性同士の親密な関係を美しく肯定する物語になっている。

人間が死後自分の記憶をクラウド上に保管する選択をすれば、ノスタルジックなバーチャル都市「サン・ジュニペロ」で永遠に若く生き続けることが可能な近未来を舞台に、現実世界ではそれぞれに老いて死期が迫る中で「お試し」として街を訪れた二人の女性ヨーキーとケリーが、街のクラブで偶然出会い、思いがけず恋に落ちる。二人揃ってサン・ジュニペロに「移住」すれば二人は若き日の姿で永遠に一緒にいられるのだが、現実世界での二人はそれぞれ困難を抱えており、その葛藤が物語の軸となる。

シャイなヨーキーは恋愛経験のないレズビアン、社交的で二人の関係をリードするケリーはバイセクシュアルの設定である。そして二人が出会うクラブの場面で使われるのがバイセクシュアル照明だ。ただし、この作品では照明に止まらず、さらに赤・ピンク、紫、青・水色の色彩が要所要所で使われる。たとえば、ヨーキーが二度目にサン・ジュニペロを訪れてケリーを探す場面で、ヨーキーをアーケードゲームに誘う男性の足元には、ヨーキーの選択肢を示すかのようにゲームの矢印が赤と青で描かれ、ヨーキーは彼の誘いを断ってケリーを探し続ける。また、実は現実世界で長年昏睡状態にあるヨーキーの願いを叶えてサン・ジュニペロに「移住」させるために、ケリーがヨーキーにプロポーズする場面では、ヨーキーはピンクのシャツ、ケリーは紫色のブラウスを身につけており、それぞれの水色のジーンズのショートパンツとスカートと組み合わさることで、白い砂浜を背景にバイセクシュアルカラーが完成する。

繰り返すが、こうしたバイセクシュアル照明やバイセクシュアルカラーの効果とは、場面ごとにはモノセクシュアルな関係が示されていても、そこに空間としてバイセクシュアリティが刻印されることだ。さらにいえば、時間性も「サン・ジュニペロ」の重要なテーマであり、ここでは、老いとセクシュアリティをもテーマにしながらモノセクシズムに与しない工夫の一つとして、この色彩効果を読むことができるだろう。

新しいバイセクシュアル表象へ

最後に、冒頭でも触れた、新しいバイセクシュアル映画の作り手として注目されるデジレー・アカヴァンで本章を締めくくりたい。日本ではおそらく、レズビアンの少女が矯正施設に送られる物語の映画『ミスエデュケーション』（二〇一八年）の監督として知られるアカヴァンであるが、イラン系アメリカ人でバイセクシュアル女性であるというアイデンティティを公にしながら、バイセクシュアリティを主要テーマに据えた作品を発表してきている*12。

アカヴァンが脚本、監督、主演の全てを務める長編デビュー作『ハンパな私じゃダメかしら？』は、アカヴァン自身が投影された主人公の経験を内在的な視点から描き出した作品だ。失恋をテーマにしたコメディであること、また日本語のタイトルから、不器用な主人公の「自分探し」のドラマが想像されるかもしれないが――そしてそれも必ずしも間違いというわけではないのだが――実際は英語の原題 *Appropriate Behavior*（適切な振る舞い）が逆説的に示すように、何が適切な振る舞いで何が不適切かを切り分ける社会規範、つまりモノカルチュラルでモノセクシュアルな社会の要請にあって、バイカルチュラル、バイセクシュアルなアイデンティティを持つ主人公が経験する摩擦が次々示される。出自やセクシュアリティをめぐるステレオタイプを壊そうとするのではなく、ステレオタイプを強制される空間で生活するとはどのような経験なのかが乾いたユーモアを込めて描かれるのだ。

この作品で重要なのは、シリーンが自分自身のアインデンティティについて迷っているのではなく、むしろ動かし難いアイデンティティを持つが故に、それを「動かせるのではないか」と働きかけてくる周囲との間で微妙なズレが積み重なる点だ。主人公シリーンの経験を通じて映し出されるニューヨークの街は、これまで何度もモノセクシュアルな恋愛映画の舞台となってきた空間である。その既視感を誘う空間に描き込まれていく、微妙に、しかし確実に規範からズレたシリーンの経験を観客も共に追っていく中で、一つひとつのエピソードを通じて、普遍的で「適切」な振る舞いが求められ続ける場に〈溶け込まずに〉生き延びる可能性が浮かび上がってくるはずだ。

アカヴァンはこの後、イギリスに拠点を移してチャンネル4でその名も *The Bisexual*（二〇一八年）という全六回のドラマシリーズも手掛けている（残念ながら現時点で日本では配信されていない）。*13 今後、アカヴァンのような作家の登場が新しいバイセクシュアル表象を産み出し、そこからさらに新しい視点でバイセクシュアリティの理解が深まっていくことを期待したい。

注

＊1　竹村和子「忘却／取り込みの戦略――バイセクシュアリティ序説」『現代思想』青土社、臨時増刊第二五巻六号、一九九七年、二四八―二五六、二四九頁。

＊2　青山薫「「『バイセクシュアル』である」と、いうこと」再考」『現代思想』青土社、第四六巻一六号、二〇一五年、一二六―一三五、一三二頁。

＊3　"Desiree Akhavan Interview: 'Bisexuality is taboo in both the queer and the straight world.'" https://www.independent.co.uk/arts-entertainment/tv/desiree-akhavan-interview-bisexual-channel-4-cameron-post-a8570161.html（二〇二〇年一一月二一日最終閲覧）

＊4　青山、一三〇頁。

＊5　Clare Hemmings. *Bisexual Spaces : A Geography of Sexuality and Gender.* Routledge, 2002, p. 28.

＊6　*Ibid.,* p. 25.

＊7　Maria Pramaggiore. "Straddling the Screen: Bisexual Spectatorship and Contemporary Narrative Film." in *RePresenting Bisexualities : Subjects and Cultures of Fluid Desire.* eds. by Donald E. Hall and Maria Pramaggiore. New York University Press, 1996, pp. 272-297. p. 277.

＊8　*Ibid.,* p. 279.

＊9　Clare Hemmings. "Resituating the Bisexual Body: From Identity to Difference." *Activating Theory : Lesbian, Gay, Bisexual Politics.* eds. Joseph Bristow and Angelia Wilson. Lawrence and Wishart, 1993, pp. 128-132.

＊10　なお、同じくベルリンを舞台にバイセクシュアリティを描いた映画に『キャバレー』（ボブ・フォッシー、一九七二年）がある。ナチスの台頭と開放的・享楽的な文化が二重写しになる社会状況を描いたこの作品は、無責任な性的放縦を示すネガティヴなバイセクシュアル表象と批判されることが多いが、享楽的なボヘミアンという造形とはいえ、サリーとブライアン、そしてマックスとの三人関係には、モノセクシュアリティに与しない明確なバイセクシュアルの表象として見るべきものがある。

＊11　詳しくは以下のウェブサイト等を参照。https://www.bbc.com/news/entertainment-arts-43765856 や https://www.themarysue.com/lets-chat-about-bisexual-lighting/（二〇二〇年一一月二一日最終閲覧）

＊12　アカヴァンについての日本語での紹介には以下の論考がある。菅野優香「静かにつながれる女性たち、饒舌に孤立する少女たち――アメリカの女性映画作家と山戸的「女の子」映画」『現代思想』青土社、第五一巻一二号、二〇一九年、一一二―一一七頁。

＊13　なお、最近では、『ブルックリン・ナイン-ナイン』のようなコメディドラマにバイセクシュアル・アイデンティティを明確に持つ人物が登場し、そのセクシュアリティをめぐる葛藤も含めてポジティヴに描かれるような例も出てきている。マリア・サン・フィリッポは、映画に較べて上映時間の制約が少ない連続ドラマは、可視化と時間の経過が深く関わるセクシュアリティであるバイセクシュアリティと相性が良いことを指摘している。Maria San Filippo. *The B Word : Bisexuality in Contemporary Film and Television.* Indiana University Press, 2013, p. 34.

第 4 章

崩壊へと横辷りする世界

谷崎潤一郎「細雪」を読み／観る

出雲まろう

書かれた物語のなかには、あえて書かなかったことが沈黙して佇んでいる。何気ない芦屋の旧家の姉妹が身に纏う着物や帯のうえにもひたひたと寄り添う影がある。交差することば、音、光、色、感触、あったものがやがてなくなることと、いまあるものと、幾度もあっただろう想いと、そのとき「夕空にひろがってゐた紅の雲」[*1]あるいは「闇夜の蛍」[*2]を、谷崎は日常観察記録者のように「細雪」のなかに書き記した。

作者なのか、姉妹のひとりなのか、だれが語っているのかも覚束なく融けてひとつになった「細雪」のポリフォニーな語り口は、いまと過去、ほんの数年前、数十年前、さらに千年のむかしを結合させて、つぎの語りへと即興風にすすんでいく。「細雪」を読むことは、そのとりとめのない語りのなかに時代の影を発見する散歩のようなものだ。ピアノや三味線や地唄の調べがあり、ラジヲから流れる「謡曲の鼓の音がぽんと鳴るたびに、鈴（飼い猫）の耳がピンと動く」[*3]空間があり、やがてはヒットラー政権ドイツに帰国する隣家の長男ピーターが居間で子どもたちと遊び回り、数年後には流血し崩壊を生じていく世界情勢のなかで、「春・夏・秋・冬の行事、見合い・子どもの作文・病気・離別・事件・恋・日々の雑記」という、一見、無思想な、女たちのブルジョワ家庭空間を記録すること。

「細雪」は当時にすれば「非国民」に値する贅沢さと消費生活の享受と月並な年中行事に彩られた作品だ。しかし日常会話のなかに登場する蒔岡家の近所の若奥さんの一日や、その新家庭で供される一杯の紅茶さえも翌年には輸入禁止となって居間から消えるとき、惨事へと突き進む予兆の前で「細雪」に展開するどうでもいい日常会話は、そのどうでもいいひとときゆえに記録されなければならない。世界がその周落に向きあうとき、何気ない日常は強い郷愁を呼び醒ます。

わたしは戦争中、殊に熱海から作州へ再疎開してからは、あけくれ京の名所図絵の挿絵を見つゝわずかに憂をなぐさめてゐたものであった。東京が焼かれ大阪が焼かれ出してからは、京もいづれは同じ運命に陥ることゝ思われたので、「都は野べの夕ひばり、あがるを見てもおつる涙は」と云うあの歌がよく心に浮かび、源平の戦ひや南北朝の戦ひの後の京、応仁の乱後の京の有様などが頻りに想像されたりして、あの頃の人が見た焼野原の京を今の世になって再び見、同じ歎きを又自分たちが繰り返すことかと思つたりしたが、そう思うとひとしほ名所図会の挿絵がなつかしさを増して来るのだつた。[*4]

「細雪」執筆時の時代雰囲気

監視警察国家は読むことと出版することを禁止する権力を行使する。
『中央公論』に「細雪」の連載が始まった一九四三（昭和一八）年イタリアは無条件降伏し、アッツ島では日本軍が全滅、東京においては神宮外苑で第一回学徒出陣の分列行進が行われた。中央公論の編集長であった畑中繁雄は、そのときの息苦しい時代状況を薄暗い社長室で谷崎、嶋中社長とつぎの小説について打ち合わせをした様子に書き残している。

その頃はすでに、気違いじみた軍官の攻撃や圧迫の十字砲火の中にいた私たちとしては、絶対大丈夫といいきれる自信には、乏しかった――そんな時期であった。(略)

「大丈夫ですよ、内容は……。内容《なか》は悲しいもの語りになっていくんです……」

そのとおりたしかに、「悲しい」という言葉を使われた、その言葉がいつまでもつよく印象に残った。[*5]

「細雪」の掲載によって中央公論社は陸軍省への出入りを差し止められ、翌一九四四(昭和一九)年には『中央公論』『改造』は廃業の憂き目にあう。中央公論社長の嶋中雄作とも交流のあった当時の外交評論家・清沢洌が戦禍の日本における日々を綴った「暗黒日記」によれば「七月一一日(火)『中央公論』『改造』の背後に三十万の知識階級――政府のオポジションがある。それがブラック・リストになっているが、それを取り除こうというのである。東条内閣の政策の一つである」[*6]と記されている。個人が日記をつけることさえ危険な時代となっていた。「八月一日(日)予日記をつけつつありというと、嶋中君危ないぞという。中央公論社の出版物を警視庁で持って行ったが、その中に馬場恒吾君や僕のもありと。予もこの日記をつけながら、そうした危惧を感ぜざるにあらず」[*7]。

「細雪」が執筆された時代の様子はたとえば外出の折りには日記を隠さねばならないほど危機的な警察監視社会であったことが永井荷風の戦中日記「断腸亭日乗」からも窺える。

昭和一六年六月一五日　外出の際には日誌を下駄箱の中にかくしたり[*8]

この時期、谷崎が親しい人に宛てて書いた俳句が残されている。

提灯にさはりて消ゆる春の雪[*9]

提灯とはすなわち南京占領を祝う提灯行列に他ならず、当局の怒りに触れて春の雪のように消えゆく運命の「細雪」を発禁の後もひたすら書き継いた谷崎が、ともかくも上巻二百部を私家版として上梓したのは、一九四四（昭和一九）年七月だった。その後もさらに戦火は激しくなる一方の戦時下に綴られた谷崎の「疎開日記」には、いつ終焉の日が来るとしても「細雪」だけは後の世に残すのだという谷崎の強い意志が日々の食欲に負けず劣らず記されている。

昭和二十年三月十一日、晴　先日送りたる原稿等も無事なりしや不安に付出京を覚悟す。家人も予を案じて同行せんと云ふ、予は一往制したれども万一の際死なば諸共と思ひ同行ときめる、[*10]

音楽会と帯――谷崎の予言力

こうした時局において谷崎は「細雪」の時間設定を二・二六事件が起こった一九三六（昭和一一）年の秋から

始め、三女・雪子がピアノを趣味とするという話の流れのなかにレオ・シロタの名をさりげなく紛れ込ませる。

阪神御影の桑山邸にレオ・シロタ氏を聴く小さな集りがあって、それに三人が招待されてゐると云う譯で、雪子は外の會ならば喜んで棄権するのだけれども、ピアノと聞くと行かずにはいられないのであつた。*11

ウクライナ各地でポログラム（ユダヤ人虐殺）が頻発した時代、ロシアの反ユダヤ主義を逃れたレオ・シロタはウィーンにおいて史上最高のピアニストとしてリストとともに並び称されるブゾーニに師事してピアノを学び、ヨーロッパを縦横に大演奏旅行を行い、やがて一九二七年には「ヨーロッパ最高のピアニスト」と見なされるようになっていた。ピアニスト・シロタの名声は日本にも響き渡っており一九二八年の一一月一五日満員の朝日講堂に於いて正式な日本デビューとなるリサイタルが開かれている。シロタの演奏は日本の聴衆に熱狂的に迎えられ、朝日講堂だけでなく東京音楽学校や関西など合計一六回の演奏会が行われた。一九三一年シロタは東京音楽学校外国人教師に正式に就任。東京音楽学校で後進の指導にあたる一方、毎月阪神間の地域も訪れており、そこで演奏会を開くだけでなく個人指導も行っていた*12。

「細雪」導入部に描かれた蒔岡姉妹が揃って出かける「レオ・シロタ氏を聴く小さな集まり」というのはこうした関西富裕層の個人邸宅で開かれた演奏会のことだろう。

「細雪」上巻の時代設定となる一九三六（昭和一一）年は、その年の一一月に日独防共協定が結ばれ、翌々年の一九三八（昭和一三）年一一月には日独文化協定が成立しているのであり、そのとき「日本にいた指揮者ローゼンシュトックは、東京がハーケンクロイツであふれかえる状況に背筋が凍る思いだったという」。

ドイツ側代表のあからさまな干渉が外務省記録に残されている。「音楽ガ日本ニ於テ猶太人ニ依テ代表サレ居ルハ遺憾ナリ」と*13。

それまで比較的ユダヤ人問題には曖昧な方針をとってきた政府筋も徐々に政策を転換していき、やがて一九四三（昭和一八）年一〇月、ついに日本音楽文化協会はユダヤ人音楽家を排除する通達を出し、一九四四（昭和一九）年にはシロタは勤め先の東京音楽学校からも追放の身となる。

レオ・シロタのピアノ演奏を聴きに行くという「細雪」上巻の六は一九四一（昭和一六）年の秋に住吉高林の家で書き始められ、ヒトラー政権と日独文化協定を結んでいた軍事政権の一九四三（昭和一八）年に『改造』に発表されたもので、その時代背景を念頭において読んだとき、谷崎がひたすらに蒔岡家四姉妹をめぐる芦屋での日々、ある意味、どうでもいいような日常の情景と会話を逐一顕微鏡的眼差しで記録することで言外に秘めた崩れゆく世界の有り様に思い到る。蒔岡家次女・幸子、三女・雪子、四女・妙子が揃って着物の着付けをする「キュウキュウと帯の鳴る」シーンに登場するレオ・シロタの名は崩壊へと横辷りしていく世界の予兆の記号でもある。

また蒔岡家三女・雪子と四女・妙子のコントラストな性格が「細雪」の基調を成していること、「細雪」を戦前日本における未婚女性の恋愛・お見合い小説として見立てたとき、蒔岡家姉妹の恋愛・お見合い・結婚は、旧民法第十四条「妻ガ左ニ掲ゲタル行為ヲナスニハ夫ノ許可ヲ受クルコトヲ要ス」に示されているように既婚者だろうと禁治産者扱いだった日本女性の社会的地位と無関係ではない。「細雪」には、伝統や習慣に逆らって自立を望む四女「こいさん　妙子」がどうもがいても踏んだり蹴ったりの無残な状況へと追いやられていく顛末が逐一描写されており、妙子に降りかかる残酷なまでの受難は本家・家父長ひとりの判断によって人生を左右される戦前・昭和の消費生活を享受しつつ自立して生きたいと願った女性の現実であった。

したがってその冒頭の章にさりげなくレオ・シロタの名を留めているお見合い・恋愛小説「細雪」は、日本の敗戦直後にGHQ民生局のメンバーとして訪日したベアテ・シロタ・ゴードン（レオ・シロタの実娘）がやがて佐藤達夫や白洲次郎など日本側代表の猛反対を押し切って日本新憲法に女性の権利を発案した当事者になるという歴史的現実[*14]によって、はかなく消滅する日々の詳細をひたすら収集し記録した小説世界が、その執筆時には作者は知るよしもなかった緊要な日本女性史の伏線となっていく作品なのである。作家・河野多恵子は谷崎文学の傾向を谷崎自身のマゾヒズムの欲望と絡めて「創作が先行し、現実がやがてそれに一致する」[*15]と分析したが、谷崎の予言力は自身の欲望を超えて彼方の未来時間へとスパークしているようにも思われる。

見逃されるクィア性――雪子の「下痢」

「細雪」原作のラストは嫁ぎゆく雪子の「下痢」で終わる。

「下痢はとうとうその日も止まらず、汽車に乗ってからもまだ続いてゐた」と。

旧民法社会における未婚女性のお見合い・恋愛・結婚小説「細雪」が最後に「下痢」で終わるという結末は、雪子が最初からちっとも、ぜんぜん、まったく、異性にも恋愛にも関心がなかったということの、お見合いも周囲の人任せに従うものの内心はまったく縁談のことなど念頭にないようでもあったということの、その時代には名づけ得ぬことへの身体的な発露であるかもしれず、今日ならば雪子のような性格はクィアあるいはアセクシュアルと呼べるかもしれない。谷崎自身も「最初から雪子のこの在り方に単純でないものを感じて」おり、したがって語り口としては雪子に「あまりスポットを当てないで、周囲に人々をめぐらせ背景を沈ませることなく、而も際立つやうに浮き上がらせたい」と話していた、と云う[*16]。

「細雪」の時代設定となる旧民法社会では、雪子のような「胸にあることを発散させないで、じーッと内攻させてゐる」[*17]タイプの「不可解な消極性」はとくに問題視されずに見逃され、むしろ異性と積極的に恋愛する妙子の行動が世間的に問題化して、本家及び分家からの監視対象となり、ついには蒔岡家から排除・追放されていく。

一方で雪子が姉夫婦の住む東京の本家と芦屋の分家を心ならずも行ったり来たりしなければならないのは旧民法下における婚期を逸した女性の「身の置き所のなさ」ということでもあり、傍から見れば申し分のない見合い話が雪子には無言の圧力であった証拠に婚約の決まった雪子は姉夫婦たちをなんとなく恨むのである。

ぐづ〱に納得してはしまつたものの、貞之助兄さんが一と晩で決心せェと云やはるよつてに、と、又しても恨めしさうに云い、微塵も嬉しそうな顔などはせず、まして此れ迄に運んでくれた人の親切を感謝するやうな言葉などは、間違つても洩らすことではなかつた。[*18]

小槌屋に仕立てを頼んで置いた色直しの衣裳も、同じ日に出来て届けられたが、雪子はそんなものを見ても、これが婚禮の衣裳でなかつたら、と、呟きたくなるのであつた。[*19]

傍からの柔らかい愛情の籠った圧力によって見合いを繰り返してきたものの、内心は異性にも恋愛にも結婚にも関心のなかった雪子の身体は自身の欲望不在のまま周囲の親切に従うほかなく、内攻する感情の沈黙は「惨事の予兆をはらんだ下痢」となって運ばれていくのである。

夢の幻影──女優・京マチ子

いままでに、阿部豊監督一九五〇年製作、島耕二監督一九五九年製作、市川崑監督一九八三年製作と三度映画化された「細雪」だが、いまだ谷崎潤一郎の明暗併せ持つ原作の「隠れた可能性」を探り当てた映画は製作されていないように思われる。

ただ三作品のなかでも島耕二監督『細雪』に登場する次女・幸子役の京マチ子だけは別格だ。京マチ子が別格なのは、女優として原作より本物になるというイデアの遂行性にある。たとえば原作「春琴抄」より本物の春琴として、原作「細雪」より本物の蒔岡家次女・幸子としてスクリーンに立ち現れるのが女優・京マチ子なのであり、原作が作者の夢の実現だとすれば、原作者が夢に描いたイメージの彼方に在るもの、その光源のイデアをスクリーン上に仮現する女優が京マチ子だとも言える。

谷崎も「細雪」を含め自作の映画化に関してはなにひとつ感心することはなかったが、女優・京マチ子だけは「自分が夢に描いた幻影そのままの姿」と絶賛して憚らなかった。

京マチ子の顔は、現代、徳川時代、平安朝時代、天平時代、いづれにも向く。源氏物語、平家物語、太平記、太閤記、近松物、西鶴物、いづれの世界の女性に扮しても似合ふ。そして又「痴人の愛」や「鍵」の女主人公にもなれる。*[20]

映画でも実演の舞台でも、私はめったに自作のイメージが表現されてゐるやうに感じることはないのであるが、『春琴抄』の京マチ子は自分が夢に描いてゐた幻影そのまゝの姿であつた。*21

自分の夢の中の美女が、生きて出て来た、と云ふ點では京マチ子のものに及ばない。*22

さらに谷崎は『痴人の愛』主演の初対面のときから京マチ子に大女優の将来を直観していた、とまで云いきる。「なんとなく大女優と云う貫録を、その当時から具えておられたからでございます。どうもこの貫録と申すものは、芸ばかりではございませんな。技量以外に何か生まれつき幅の広さと云ったようなものを、体のどこかしらに持っておられるのでございますな」（「当世鹿もどき」谷崎）*23

おそらく京マチ子が持っている何か大きなもの、光輪のようなものが、あの大谷崎をも夢見させ、女優・京マチ子を別格な存在にさせているのであり、それは謎のままであってほしいけれども或る可能性と深く切り結ばれているようにも思われる。それは女優・京マチ子の身体に含まれる隠しようのない何か、地上的な誘惑者の役柄が多く決してお上品を気取ることはないのに驚くほど優雅で堂々とした何か、シス・ヘテロ男たちの欲望を傍で揶揄うコメディエンヌの才能とともに、万人にはけっして見えない（ゆえにクィアな可能性を含む）名づけ得ぬ何か、だ。

さらに「細雪」で非常に重要な要素となっているのが大阪言葉、旧世代によっては粗雑で「けったいな」ともとれる新世代・蒔岡姉妹の大阪言葉による会話だが、島耕二監督作品の幸子役で京マチ子の発話する「大阪弁の甘み、丸味がほのかに残る言い回し」*24には、独特の潤い、つや、あたたかみが含まれて、まさに「細雪」の持つ音声の重要性、その「声のスタイル」が女優・京マチ子によって探し当てられたかのようであることも強調しておきたい。

また原作「細雪」を読むことの愉しみのひとつとして「烏賊をトマトで煮て少量の大蒜で風味を添へる仏蘭西料理の説明」[*25]や、蝦のおどり鮨、明石の鯛、柿伝の仕出し料理に南禅寺の瓢亭に大阪・島之内の吉兆など蒔岡姉妹の生活を廻る料理があるのだが、「お惣菜の献立なども大阪時代とは変わって来て、シチュウとか、ライスカレとか、薩摩汁とか、なるべく一種類で、少しの材料で、大勢の者がお腹一杯食べられるやうな工夫をする」[*26]と雪子の観察による長女・鶴子の倹約生活の例として挙げられているカレーライスが、この島耕二監督『細雪』では戦後日本の幸福な家庭のイメージを担って登場する。カレーライスそのものがスクリーンに映し出されるわけではなく、こうした些細なシーンこそ、或る意味、京マチ子・ファンにとっては垂涎の演技なのだが、着物の上に真っ白い割烹着を羽織ろうとしている京マチ子の背中に回って夫・貞之助役の山茶花究がその紐を結ぶちょっとした所作から、煙草のマッチを探す所作、京マチ子がカレーライスの材料となるニンジン、玉ねぎをザルに入れ、一方の手で鍋を掴み、さらに玉ねぎのヘタを危なげに切る所作（なんと！　空中で切っている）へと一連の流れの中に幸子と貞之助夫婦のなにげない「幸福な平淡な日常」が見事に捉えられており、京マチ子の名演技が細部に光る作品となっている。このブルジョワ家庭主婦というさりげなく居心地よく抑え込まれた（にもかかわらず、ぶっ飛んだ）演技と声の抑揚は、溝口健二監督『赤線地帯』（一九五六年）のミッキーが飾り窓で踊り「八頭身や」と言ってのけるアプレゲールなお嬢さん役というこれまた京マチ子・ファンにとっては垂涎の演技と双極を成す。

ところで映画化された『細雪』三作品はどの作品においてもたいへんに衣装に予算も気も使ったことが伺われるが、そのなかではこの島耕二監督作品に登場する肩の力を抜いた日常としての着物がかえって「着物の真の粋」を実現することになった。島監督は原作者の合意を得て、物語の時間設定を戦後ちょうど映画が製作された一九五九年前後のフラフープが小学生たちのあいだで全盛だった時代に変えており、したがって蒔岡家姉妹の衣装も当時の流行の先端を行くモダン和装で、映画全体を通して次女・幸子役の京マチ子と三女・雪子役の山本富士子の二大人気スタアによるキモノ・ファッション・ショーの趣きがある。ちなみに島耕二監督作品で京マチ子が着た着物の数は一五着、山本富士子も一五着。前年に公開された司葉子・草笛光子・団令子・淡路恵子が出演し、丸山明宏がキャバレーで「タブー」を歌う『愛情の都』(杉江敏男、一九五八年)では美術・村木忍の凝ったセットを背景にバー「CABIRIA」のマダム役・草笛光子の和装が一色上がりでモダンだが、それでもたった四着に過ぎない。一五着というこの衣装の数の多さは東映チャンバラ娯楽映画の「着流しファッション・ショー」でもあった『旗本退屈男シリーズ』に匹敵することも付け加えておきたい。

(映画『細雪』における衣装・着物については市川崑監督作品が戦前昭和の着物を復刻・再現したという衣装製作費だけで一億円以上かかった豪華な着物の数々を無視するわけにはいかないが、四姉妹役の女優たちは上方風の色彩の多い着物を上品に着こなす術もなく見せびらかし過ぎるだけ野暮で、ときに着物の胸元を緩く開けて着付けたり、潤一郎夫人・谷崎松子のシナリオ校訂もスタッフの方言指導も虚しくドスの効いた声で大阪弁を吐き散らしたりと散々な仕上がりであった。)

単純でない存在形態——雪子

さて、阿部豊監督作品では雪子の「不可解」な単純ではない性格はとくに解体されることもなく、地味な性格は地味な性格のままに抑えられてラストでは蒔岡家からの追放が決まり泣き崩れる妙子役・高峰秀子に次のように語りかける。

こいさん、この歌覚えてるか。

〝けふもまた衣えらびに日は暮れぬ　嫁ぎゆく身のそぞろ悲しき〟
なかあんちゃん（次女／幸子）がここ（芦屋の分家）にお嫁入する前に詠みはった歌や。
なかあんちゃんもちょっともうれしそうやなかったわ……

異性にも結婚にも関心はないけれども見合い結婚をして嫁いでいく影の存在、人生の傍観者であるような雪子は、旧民法下の「家」によって自らの身体に係る重要な選択をも左右・決定されていく蒔岡家姉妹たちの哀歓を冷静に観察しているのである。

一方、島耕二監督『細雪』では時間設定だけでなく雪子役・山本富士子の性格にも大きな変容が見られる。そのひとつは雪子がお見合いに乗り気でないのは、原作にあるような消極的で陰気と言われている性格（つまり異性や結婚になど関心のない性格）によるのではなく、かつて熱愛した婚約者を不慮の事故で亡くし四年経ってもまだ忘れられないでいるトラウマを抱えているためであるということ。加えて「あたしかて、板倉みたいなもん弟に持つのんは叶はんわ」*27と平然と言い放つほど自覚のない階級意識（カメラマンの板倉は岡山の小作農の出身）の強い面を持ち、阿部監督映画『細雪』でも原作の台詞はそのまま活かされているのだが、島監督作品では妙子が最終的に駆け落ち結婚する相手・三好というバーテンの労働者として誇りに満ちた姿に好印象を得て、むしろ妙子と三好の階級（貧富の差）を超えた「純粋な恋愛結婚」に賛同していく。

妙子の素行が原因で雪子の見合いが破談になり、次女・幸子と浜辺を並んで歩くシーンにおいて雪子が溌溂と明るく云う台詞は、バーテン三好と妙子の階級差（貧富の差）を超えた異性恋愛を目撃することでトラウマを乗り越え学習・成長した雪子の新生の宣言でもある。

こいさんのせいで壊れてしまうような縁談やったらウチにとっても惜しいことあらへんわ。ウチはウチと同じような気持ちで純粋に愛してくれる人とやなかったら結婚なんかせえへんわ。

つまり島耕二監督『細雪』の雪子はトラウマ（婚約者の死）を乗り越えて「純粋な誇り高い」異性恋愛讃美者へと成長する女性として描かれており、原作にあるような不可解な消極性（クィアあるいはアセクシュアルの余地）は解体されて、異性恋愛を正しく学習する者として溌溂とした明るい性格へと新生している。敗戦後の日本娯楽映画がある時期まで今井正監督『青い山脈』（一九四九年）に代表されるような民主主義の啓蒙とともに積極的な異性恋愛行動を奨励するメッセンジャーの役割を担っていたこと[*28]、その異性恋愛学習推進の方向性はＣＩＥ（民間情報教育局）による検閲廃止後もますます内面化されていった一面をこの作品に観ることが出来るだろう。

蒔岡姉妹によって繰り広げられる、どうでもいいような和やかな日々のなかでも義兄・貞之助が襖を開けた一瞬に、雪子の足の爪を妹の妙子が切っているところを垣間見てしまうエピソードは、性格の違いはあっても「この姉妹たちは、意見の相違は相違としてめったに仲違いなどはしないのだと云うことを、改めて教えられた」[*29]美しい情景として貞之助の印象に長く留められる。

市川崑監督『細雪』ではこの爪切りシーンによって雪子役の吉永小百合が常日頃、足袋を脱いだ素足や着替えなどを義兄貞之助役の石坂浩二から覗き見されることが嬉しくもあるような女性として仄めかされている。「細雪」の貞之助夫婦と雪子三人を一種の三角関係とする設定で、実際につねに生活を共にしていた潤一郎・松子夫婦と妹・重子三人を秘密の欲望関係とする分析が谷崎論では度々なされており、市川崑監督作品もそのような解釈に与したのかもしれない。市川崑監督作品では雪子は世間知らずに見えて本家や分家の義兄たち相手に密かに「オヤジ転がし」を愉しみ、婚期を逸したかのようにみえて数ある見合い相手の中からようやく願ってもない好条件の公家華族と婚約し、蒔岡家の姉たちからは最も賢い選択をした「勝ち組」の妹という評価を得ていく。

幸子（佐久間良子）「あの人、粘らはったな」

鶴子（岸惠子）「雪子ちゃんか…粘らはっただけのことあったなぁ…」

映画製作発表時のコメントによれば市川崑監督はこの作品に「女の強さと弱さ、自己顕示欲とナルシシズムをさりげなく誇張して女性の本質を描きたかった」[*30]ようだが、静かでおとなしいようでいて自分の思うことを黙って通していく、姉夫婦たちにとって不可解な雪子の性格には、団塊の世代の郷愁の中にいつまでも清く美しく君臨する女優・吉永小百合が自らのイメージをパラダイム・シフトするに相応しい「妖しい魅力」という凡庸な飛躍が施されているのであった。

映画『細雪』を観ることは主人公雪子の消極的で内攻的な（クィアおそらくアセクシュアルな余地を含む）性格がどのように読み取られ、あるいは解体されて飛躍・大衆化されたのかを注視することでもある。

近代小説ではとても主人公になりそうもない消極的で、陰気で、おとなしくて、恋愛にも異性にも関心などなくて、反面ピアノの稽古やフランス語の習得には積極的に取り組み、鋭い観察力と粘り強い面も持つ「単純ではない存在形態」の雪子を主人公としたところに「細雪」の特異性とその謎を解く鍵があるのだが、谷崎の予言力は敗戦直後ベアテ・シロタ・ゴードンによって新憲法に発案された女性の権利をさらに超えて、二一世紀へと跨いでいるように思われる。名づけ得ぬものは存在しなかったものではない。かつて一度も現実に認識されず見逃されてきたものだ。「細雪」の映画化にはクィア・シネマとしての「隠れた可能性」がまだ見ぬ未来に残されているのである。

注

＊1　谷崎潤一郎「細雪」中央公論社、昭和二一年、上巻の十九。
「今年も同じやうな思ひで門をくゞつた彼女達は、忽ち夕空にひろがってゐる紅の雲を仰ぎ見ると、皆が一様に、『あー』と、感歎の聲を放つた。此の一瞬こそ、二日間の行事の頂點であり、此の一瞬の喜びこそ、去年の春が暮れて以来一年に亘って待ちつゞけてゐたものなのである」

＊2　谷崎、「細雪」下巻の四。
「真の闇になる寸刻前、落ち凹んだ川面から濃い暗黒が這ひ上がって来つゝありながら、まだもや〳〵と近くの草の揺れ動くけはひが視覚に感じられる時に、遠く、遠く、川のつゞく限り、幾筋となない線を引いて両側から入り乱れつゝ點滅してゐた、幽鬼めいた螢の火は、今も夢の中にまで尾を曳いてゐるようで、眼をつぶつてもあり〳〵と見える」

＊3　谷崎、「細雪」下巻の十二。

＊4　谷崎、「『潺湲亭』のことその他」『中央公論　昭和二二年一〇月号』九六—九七頁。
『谷崎潤一郎全集　第十六巻』中央公論社、昭和五七年、九五—一〇六頁。

＊5　野村尚吾『谷崎潤一郎全集　全二十八巻月報』中央公論社、昭和四二年。
野村尚吾『伝記　谷崎潤一郎』六興出版、昭和四七年、四一三—四一四頁。

＊6　清沢洌『暗黒日記　一九四二—一九四五』岩波文庫、一九九〇年、二〇三頁。

＊7　清沢、前掲書、七一頁。

＊8　永井荷風『摘録　断腸亭日乗（下）』岩波文庫、一九八七年、一四三頁。

＊9　『日本経済新聞　二〇一四年七月四日付記事』より。
「作家の谷崎潤一郎（一八八六—一九六五年）が、太平洋戦争中に小説『細雪』の雑誌掲載を中止され、不安な心境を詠んだ俳句の書かれたはがきが見つかったことが四日、分った。はがきは親しい人に宛てたもので『提灯にさけりて消ゆる春の雪』など二つの俳句が書かれていた」

＊10　「疎開日記」は『人間』昭和二一年一〇月号（「熱海・魚崎・東京」）、『新文学』昭和二二年二月号（「西山日記」）、『新潮』昭和二二年三月号（「西行東行」）、『花』昭和二二年三月号（「飛行機雲」）、『新世間』昭和二二年四月創刊号（「熱海ゆき」）、『婦人公論』昭和二四年九月号（「終戦日記〈熱海より勝山まで〉」）に六回にわたって分載された。
『谷崎潤一郎全集　第十六巻』中央公論社、昭和五七年、三六三頁。

＊11　谷崎潤一郎『月と狂言師』中公文庫、一九八一年、二二六頁。
＊12　谷崎、「細雪」上巻の六。
＊13　山本尚志『日本を愛したユダヤ人ピアニスト　レオ・シロタ』毎日新聞社、二〇〇四年、八一、八七、八九頁。
＊14　山本、前掲書、一五二頁。
ベアテ・シロタ・ゴードン（平岡磨紀子・構成／文）『一九四五年のクリスマス』柏書房、一九九五年、本書五章「日本国憲法に男女平等を書く」にはGHQ憲法草案についての臨場感溢れる経過が「エマラン・メモ」（民政局メンバーだったルース・エマランのメモ・ノート）に基づいて詳しく述べられている。
＊15　河野多恵子「谷崎文学と肯定の欲望」文芸春秋社、昭和五一年、五六頁。
＊16　「湘竹居追想」は丸善のPR誌『學鐙』に昭和五六年三月から五八年三月まで二年間に渡って掲載された。谷崎松子「湘竹居追想　潤一郎と『細雪』の世界」中公文庫、昭和六一年、一四四頁。
＊17　谷崎、「細雪」上巻の十一。
＊18　谷崎、「細雪」下巻の三十四。
＊19　谷崎、「細雪」下巻の三十六。
＊20　「女優さんと私　京マチ子」『朝日新聞　昭和三六年一〇月五日』。
谷崎潤一郎「雪後庵夜話」中央公論社、昭和四二年、一五一頁。
＊21　谷崎、前掲書、一五一頁。
＊22　谷崎、前掲書、一五一頁。
＊23　谷崎潤一郎「当世鹿もどき」『週刊公論　昭和三六年三月―七月号』。
千葉伸夫『映画と谷崎』青蛙社、一九八九年、二三八頁。
＊24　「『痴人の愛』出演にあたって　谷崎潤一郎先生をお訪ねして」『映画ファン一九四九年九月号』より　雑誌『映画ファン』の臨時記者という形で谷崎と対談した京マチ子は自らの大阪訛りについてこのように表現している。『ユリイカ　特集京マチ子』青土社、二〇一九年、三三頁。
＊25　谷崎、「細雪」上巻の十。
＊26　谷崎、「細雪」上巻の二十六。
＊27　谷崎、「細雪」中巻の二十八。

＊28　四方田犬彦『李香蘭と原節子』岩波現代文庫、二〇一一年。ＣＩＥの要請からなるアイデア・ピクチャーであり、大ヒット作品となった「青い山脈」について、原節子をキー・ワードに詳しく分析。一九一―一九五頁。
＊29　谷崎、「細雪」中巻の二十九。
＊30　市川崑監督『細雪』ＤＶＤ特典プロダクション・ノートより、東宝株式会社、一九八三年。

第5章

レズビアン青春映画としての『櫻の園』

赤枝香奈子

はじめに

小説にせよ、映画にせよ、その物語世界をどのように解釈するかは、それらを読む人、見る人に開かれている。それが女性同士の関係性であってももちろん同様である。中原俊監督『櫻の園』（一九九〇年）に描かれている女性同士の関係についても、それぞれ強度にいくらか違いはあれど、女子校の演劇部という、時間的にも空間的にも「閉じられた」世界における部員同士の関係として鑑賞する人は多いのではないだろうか。ただ、近代日本の女性同士の親密な関係を研究テーマとしてきた身としては、この作品を、日本の「レズビアン映画」の、しかもその最良のものの一つとして位置づけたい気持ちに駆られる。そしてまた、このような「レズビアン映画」はそのあとも、そしてこれからも、作られることはないのではないかとも感じている。それは、この作品が近代日本の女性同性愛の表象――そこにはステレオタイプ化された表象も含まれている――と密接に結びついていると同時に、制作当時の思春期の女性たちを取り巻く状況も色濃く反映していると考えられるからである。今後、優れたレズビアン映画が出てくるとしても、またそれが近代という時代を舞台に描かれたとしても、その時には近代という時代がより遠ざかったぶん、客観視することが可能になっているであろうし、また女性と性をめぐる状況も、さらには「レズビアン」や女性同性愛の描かれ方も変化しているであろう。

本章では、近代日本において女性同士の関係が「同性愛」や「レズビアン」という概念と交差しながら「単なる友情」を超えるものとして認識される局面をたどりつつ、映画『櫻の園』の物語世界を一つの最終地点と見なしうるような、近代日本のレズビアン・ヒストリーを描き出してみたいと思う。

映画『櫻の園』における女性同士の関係

本章において「レズビアン映画」とは、女性が女性に向けた特別な愛情が中心的に描かれている映画作品、と定義しておきたい。この場合、当人がどれくらい「女性」というアイデンティティを持っているかどうか明確にはわからないケースもあるが、少なくとも、その人物は思いを寄せる相手を異性ではなく同性として認識しているであろうこと、また「特別な愛情」とは、他の同性に向ける愛情(たとえば「普通の」友人としての親しさ)とは何か異質なものと本人が認識しているであろうことを意味している。よって、自身を「レズビアン」と認識する女性が登場人物である場合に限らず、そのような自覚がない登場人物同士の関係であっても、先の定義に当てはまる場合は「レズビアン映画」に含んでいる。

『櫻の園』は、毎年創立記念祭で演劇部がチェーホフの『桜の園』を上演することが伝統となっている女子高校を舞台に、その当日の朝から上演開始までの数時間を描いた作品である。風で散り始めた満開の桜が咲いている屋外や、校舎の廊下や屋上などのシーンもあるが、主要な舞台は演劇部の部室と思われる吹き抜けのある広い部屋である。登場人物は演劇部の部員たちと顧問である女性教員の他は、部員の恋人や教員である男性、部員の姉や友人である他校の生徒などごくわずかである。

創立記念祭当日の朝、優等生と思われている部長の志水がパーマをかけた姿で現れたこと、そして同じ三年の部員である杉山が前日の夜に他校の生徒と喫茶店で煙草を吸っていたところを補導され――実際には彼女自身は吸っていなかったのだが――、そのために『桜の園』が上演中止になるかもしれないとの話が部員たちに波紋を引き起こす。一方、『桜の園』の主人公である女主人を演じる倉田は、それまで馴染んでいた男性の役ではなく女性の、しかも主役を演じることに非常にナーバスになっており、内心、上演中止になることを願っていたりもする。しかし、物語のほとんどは部員同士の他愛もないようにも思えるおしゃべりによって構成されていて、それらの非日常的な出来事は彼女たちのおしゃべりによって咀嚼され、その中に溶けていくようである。

本作品において同性である相手に寄せる特別な愛情と認識されるのは、部長である志水の倉田に向けた思い、そして杉山の志水に対する思いである。志水の倉田に対する思いに気がついている杉山がそのことを話題にする場面では、次のような会話が交わされている。

杉山：（志水がパーマをかけたことについて）倉田さん、なんて言ってました？
［中略］
志水：どうして？
杉山：だって倉田さんに見てほしかったんじゃないかなと思って。だって志水さん、倉田さんのこと好きなんでしょ？
志水：それってどういう意味？

杉山：え。別に言葉通りの意味だけど、なんとなくそう思ったの。
志水：どうして、そう思ったの？
杉山：やっぱりなんとなくとしか言えないけど。いつも見てるし。でも別にレズとかそういう意味じゃなくって。

この「別にレズとかそういう意味じゃなくって」という言葉を、女性同性愛に対するホモフォビアの現れと読むこともできるだろう。しかしながら本章では、志水が倉田を「好き」であることと「レズ」の線引きの意味することは何なのか、もう少し慎重に検討してみたい。このシーンより後に明らかになるのだが、杉山は志水のことを友人に「すてきな人がいる」と話しており、自身にとって彼女は「憧れの人」である。そうした志水への思いもやはり「レズ」とは異なるものとして杉山は認識しているのかもしれないのだとしたら、まずは彼女（たち）自身の受けとめ方に寄り添いながら、女性が女性に向ける愛情について考察すべきであろう。

『櫻の園』という作品を魅力的なものにしていると考えられるのが、この、つみきみほ演ずる杉山の存在である。彼女の前日の行動により、『桜の園』の上演が危ぶまれる事態になるのだが、それ以前からも彼女はどうやら部員たちの間ではやや浮いた存在であり、部員たちの輪の中に完全には入り込めていないことが推察される。ショートカットで細身の身体、喫煙という「女子高校生らしからぬ」振る舞い、そして舞台『桜の園』での役は男性という杉山は、男子高校生に見えることはおそらくないであろうが、「女性らしい女性」という枠には収まりきれてはいない人物として造形されている[*1]。

女性を愛する女性が男性的な人物として描かれたり、レズビアン関係がマスキュリンあるいはボーイッシュな女性とフェミニンな女性のカップルによって表象されたりすることは、ある種、女性同性愛に対するステレオタイプ化された見方を反映したものと言える。こうした手法は、単なる仲良しや友だち同士に見えかねない同性同士の関係を、そうではないものとして見せようとする際の常套手段でもあるだろう。ではこのような男性的なレズビアン像や、マスキュリン／ボーイッシュな女性とフェミニンな女性の組み合わせというレズビアン関係はまったくの事実無根であり捏造であるかというと、そう言い切ることはできない。英語のブッチ・フェムという関係性は男性的な女性と女性的な女性のカップル関係を指す用語であり、そのような関係性はれっきとしたレズビアン・カルチャーの一部である。

日本でも、「レズビアン」という用語が一般誌で使われるようになる一九六〇年代、男性的な女性（「男役」）は「タチ」と呼ばれ、一方、その相手となる女性的な女性は「ネコ」と呼ばれ、タチの存在やタチとネコの関係が可視化された。しかし一九七〇年代以降登場するレズビアン・フェミニズムにおいて、タチは女性を抑圧する男性を模倣する存在として批判され、「レズビアン」のカテゴリーから離脱していく。さらに一九九〇年代半ば以降、「性同一性障害」概念が広まっていくにつれ、男性的な女性は性同一性障害の人物やトランスジェンダーとして解釈され、男性的なレズビアンはより不可視化されていった[*2]。すなわち、『櫻の園』は、女性を愛する女性が男性的な人物として描かれたり、あるいはレズビアン関係が男性的な女性と女性的な女性の組み合わせとして描かれたりすることが珍しくなかった時代が終焉を迎えつつある時期に、そのような人物や関係性を通して女性が女性に向ける特別な愛情を描いた作品であると言える。ただ、それだけが『櫻の園』を「レズビアン映画」として読み解く根拠というわけではない。

近代日本における（女性の）「同性愛」概念

『櫻の園』に描かれているような女子校における生徒同士の親密な関係、そして女性だけが演じる演劇という要素は、近代日本における「同性愛」概念と密接に結びついている。主に、現代の中等教育機関にあたる女学校においてしばしば見られた女学生同士の親密な関係は「S（エス）」などと呼ばれていた。そのような関係は女学校が普及していく明治半ば以降、新聞・雑誌記事にも取り上げられ、小説などにも描かれてきた*3。

一方、女性だけが演じる演劇というと、有名なのは宝塚歌劇団であろう。当初、箕面有馬電気軌道（のちの阪急電鉄）が鉄道利用者を増やすためにターミナルである宝塚に温泉付きのレジャー施設を作り、温水プールを作ったものの客が集まらず、プールを改造して舞台を作って始められたのが宝塚歌劇団である。一九一四年に第一回公演が行われ、一〇〇年以上の歴史を持つが、その過程で幾度か重要な変化を遂げつつ、現在も高い人気を誇っている。一方、戦前においては宝塚と人気を二分する存在であった松竹少女歌劇団は一九二二年に始まっている。松竹で特に人気が高かったのは、「ターキー」の愛称で親しまれた水の江瀧子である。それまでは男性の役を演じる際も、髪は切らず、長い髪を帽子の中に入れるなどして演じていたが、一九三一年、彼女は初めて髪を短く切って男性を演じたことで人気に火がついた。そのあとは、宝塚の男役スターたちも短髪にするようになった。雑誌のグラビアには、現在のアイドルのように、歌劇団のスターたちがしばしば登場した。

女性だけの歌劇団は「同性愛」と結びつけて語られやすいトピックであった。真偽のほどがさだかでないようなゴシップ記事以外にも、婦人雑誌でも真面目に議論されるテーマであった。水の江瀧子個人についてファンの女性との関係を報じたゴシップ記事のほか、宝塚内部での親密な関係を「デベン」と呼んでいる記事*4、歌劇やスターに対する熱中を同性愛として論じる記事[*5]も見られた。

戦前において、女学校における親密な関係や、歌劇のスターに対する熱中は、「同性愛」と見なされた。ただ、女性の同性愛には二種類あり、これら女学生たちの間に見られるような同性愛は「仮の同性愛」で、やがては「卒業」し、異性と結婚するものだと論じられた。一方、女学校卒業後も続くような関係や肉体的な結びつきのある関係は「真の同性愛」と見なされ、より病的なもの、「変態」的なものとして位置づけられた。このような「同性愛には二種類ある」という言説は、少しずつその中身は変化しつつも、戦後になっても完全に消え去ることはなかった。先ほどの杉山のセリフに見られた、志水の倉田を好きという感情と「レズ」との差異化も、この認識枠組みの延長線上にあると考えられる。

そしてもう一つ、近代日本の同性愛概念と密接に結びついていたのが「心中」であった。女学校における女性同士の親密な関係に注目が集まったのも、一九一一年七月に起きた女学校卒業生同士の心中事件がきっかけであった。その後、新聞・雑誌記事には「同性（愛）心中／情死」を取り上げたものがしばしば見られる。中には、そのうちの一人が「男装の麗人」であることが注目を集め、連日報道されたような事件もあった。

「男装の麗人」

一九三五年一月、松竹少女歌劇団トップ娘役のファンである女性がこの娘役の女性と逃避行の末、心中未遂事件を起こした。このファンである女性、増田富美子——本人は増田夷希《やすまれ》と名乗った——は「男装の麗人」と呼ばれた。しかしそう呼ばれたのは彼女が最初ではない。前年の一九三四年六月には三角関係のもつれから、東京の喫茶店「八重洲園」の女給同士の心中未遂事件が起きているが、そのうちの一人が「男装の麗人」と呼ばれていた。水の江瀧子もやはり「男装の麗人」と呼ばれ、人気を博した。

この「男装の麗人」という呼び方は、川島芳子をモデルとした小説、村松梢風の「男装の麗人」（『婦人公論』一九三二・九－一九三三・六）がきっかけとされる[*6]。川島芳子は清朝粛親王の第一四王女として北京で生まれたのち、父と義兄弟の契りを結んだと言われる川島浪速の養女となり、日本で育てられた。浪速が指導者であった満蒙独立運動に関わり、中国と日本を行き来するうちに日本軍部との関係を深め、戦後は漢奸罪で死刑となった[*7]。「男装の麗人」は『婦人公論』での連載途中に主題歌が作られ、連載終了前に単行本化されベストセラーになるなど、注目の作品であった。一九三四年三月には舞台化され、東京宝塚劇場のこけら落とし興行として芸術座が水谷八重子主演で上演している。入江たか子主演、溝口健二監督で、川島芳子をモデルとした映画『満蒙建国の黎明』（一九三二年）という作品も作られているが、それは『婦人公論』で「男装の麗人」の連載が始まる前のことであり、男装を含めた彼女の振る舞いは小説になるよりも前の段階から注目を集めていたことがわかる[*8]。

それ以前にも、男性のような服装や髪型をした女性たちについて雑誌記事等で取り上げられることはあったが、「男装の麗人」と呼ばれることはなかった。彼女たちが髪を切ることは「断髪」と表現され、そのような人物は男性のような／男性になりきった人物と見なされた[*9]。一方、「男装の麗人」たちが髪を切ることは「断髪」と言われた。そこには洋装・断髪が目印であった「モガ（＝モダンガール）」の影響を見て取ることができる[*10]。「麗人」という言葉自体、容姿の美しい女性を指す言葉である。すなわち、「男装の麗人」とは男性性と女性性を合わせ持った表現であり、むしろ女性の美しさを際立たせるもの、あるいは女性の新たな魅力を引き出すものとして男装を位置づけていると考えられる。

「男装の麗人」は、それまでネガティヴな評価を与えられていた女性の男装の価値を転換させ、それに肯定的な意味を付与する表現であった。そのような「男装の麗人」たちは軽やかにジェンダーの垣根を越え、それ以外の女性たちが持ちえないような行動の自由を獲得していたかのように見える。しかし一方で、彼女たちの格好が「男装」と呼ばれる限り、それは脱ぎ捨てることが可能なものであり、彼女たちのジェンダーの越境は一時的なもので、いつかは「女に戻る」存在と見なされていることを示してもいる。

「男装の麗人」たちには後日談として、「女に還った」という話がしばしば出てくる。

私が男になつて暮してゐる事については、世間では随分いろいろと取沙汰してゐる、ヤレ我儘者だとか、モガのしくじりだ、変体女性だなど——誰が好き好んでこんな男女みたいな服装をして、それでいい気持になつてゐるものですか。女が唯一の生命と頼んで大切にしている黒髪を切つて捨て、あの美しいお化粧など見向きもしない、その心持は、決して愉しいものではないのです。

私は、女が斯うして女らしくして居ないことが間違つて居ることも、よく知つてゐます。それと同時に私は、朝に良人を勤め先に送り出し、夕にいそいそと帰宅を迎へる平凡なしとやかな主婦の方々を心から羨ましいと思ひます。ですから、私だつて適当の機会にさへぶつかつたら、本当に綺麗さつぱりもとの女に還ります。

その機会？　私に、ほんとうに熱烈な恋人でも出来たら……

（本誌記者「私が再び女に還る日——男装の川島芳子さんが打明けた赤裸な心境」『婦人倶楽部』一九三三・九）

私は自分を引上げて、もつと優れた女となる必要を痛感してゐる。［中略］私は心と肉体の健康をとりもどして、一個の女としての任務と幸福を果したいと思ふ。

（増田富美子「死から甦りて女にかへる日の告白」『婦人公論』一九三五・四）

男装の麗人二人

男装の麗人の元祖、川島芳子嬢は、今年の四月〔中略〕『令嬢に還る』賀宴を盛大に張つた。〔中略〕男装を捨てて断然『女』にかへる宣言をしたのである。

ついでにもう一人、男装の麗人増田富美子嬢はどうしてゐるか？

（鈴木篤治「問題になつた女性の其後――彼女らは何処へ落着いたか」『話』一九三五・一二）

男装という言葉には――そして女装にもだが――、単に一時的なものというだけでなく、本来の自分を偽って身分を詐称したり、人を欺いたりするためにするものというネガティヴなニュアンスが含まれる場合もある。「男装の麗人」とその相手となる女性の関係も、「男装の麗人」が「本来の」女に還れば解消されてしまうもの、あるいは関係が破綻することで「男装の麗人」は元の女性に戻ることができるものとして認識されている。「男装の麗人」はこのようなアンビバレンスや不安定さを孕みつつも、女性が男性的なファッションをしたり男性のように振る舞ったりすることに対し、肯定的な意味を与え、さらには男性的な女性と女性的な女性のカップルという、新たな同性愛の表象を生み出したと言えよう*11。

「レズ（ビアン）」と女性にとっての性

女学校における女学生同士の親密な関係、女性だけの歌劇団、男装の麗人、同性心中――、これらが近代日本において可視化されていた女性同性愛の要素であった。このうち、同性心中については、戦後の新聞・雑誌記事では徐々に見られなくなっていく。一方、戦後になって広まっていくのが「レズビアン（レスビアン）」という用語である。当初は必ずしもこの語には否定的、あるいは差別的なニュアンスは含まれていなかった[*12]。しかしながら、一九六〇年代以降、「肉欲的なレズビアン」が新たなレズビアン・イメージとして登場し、レズビアンは性的な快楽を貪欲にむさぼる女性としてメディアで描かれるようになり、一九七〇年代になるとレズビアンは男性に消費されるポルノの題材と化していった[*13]。

一九八〇年には、当時、国民的歌手であった女性が「レズ」であると報道され、やがて芸能界から姿を消すという出来事もあった。それくらい「レズ」はスティグマ化された言葉であった。そのこと自体、同性愛（者）に対する差別の表れにほかならないのだが、その一方で、「レズ」が何らかの肉体関係を想起させるものであったり、あるいはもっぱらそれのみに特化した関係性を示唆していたり、そしてそれは男性にとってのポルノとして消費される可能性もあるのであれば、そうした関係を当の女性たちがネガティヴなものとして受け止めてしまうことは必ずしも非難できないのではないかと考える。

『櫻の園』が作られた当時は、同性同士だけでなく、異性愛関係であっても、女性が性を主体的に楽しむにはまだ程遠い状況であった。女性誌『ａｎ・ａｎ』が「セックスで、きれいになる。」という特集を組んで話題になったのは一九八九年四月一四日号においてである。日本で初めてのセクハラ訴訟が起こされたのは一九八九年八月だった。北原みのりは前者のセックス特集について、その衝撃は忘れられないと述べ[*14]、当時、一〇代の女性にとってセックスがいかなるものであったかを次のように回想している[*15]。

あの頃の一〇代の女の子にとって、セックスはやはり高い壁だった。「結婚するまでは処女」という価値観はさすがに残ってはいなかったけれど、「初めてのセックス」の重みはあった。初めてのセックスはとても重要であり、処女と処女以前《ママ》では人生が変わるほどの大事件であるかのように考える女の子は少なくなかった。

『櫻の園』には、性に関することが部員たちの間で語られるシーンが二箇所ある。一つ目は、三人の部員が部室の隅で話をしている場面であり、そのうちの一人（B）が、付き合っている男の子からいきなり押し倒されたのでぶっ叩いたと語るところから始まる。続いて次のような会話が交わされる。

A：彼だって男だしねえ。
B：やっぱ、しなくっちゃだめなのかなー。
A：いや、別にしなくっちゃいけないって言ってるわけじゃないよ。
B：でもあれって痛いんだよねえ？
A：らしいよ。
C：すっごく痛いんだよね？
A：なんかねえ、（胸の前で組んだ手を上げながら）こっからずーっと裂けちゃうくらい痛いんだって。（うっとりして、自分自身を抱きしめるようにしながら）ガシッと抱きしめられて、グッとしがみついて…

もう一つは、先ほど取り上げた志水と杉山の会話の直後、なぜ杉山が女子校にしたのか志水が尋ねるシーンでのやりとりである。

杉山：共学ってかえってたいへんみたいですよ。生理の時とか、ナプキン入れたポーチ持っていくと、めざとく気づく男がいたりして。
志水：そうだよね。小学校の時苦労したなー。男の子に見つかっちゃって、からかわれてさあ。
杉山：ひっさん〜。
志水：そうよ、悲惨よ。ハンカチで包んであったのを引っ張り出されて。みんなの前で、「今日、志水、これなんだよ」って。
杉山：やなガキ〜。
志水：本当にやなやつでさあ。だからわたし一生許さないの。彼がこれからどんなに立派な人になろうと、わたしにとってはあの時のままよ。ナプキン振り回してたあの時のまま。
杉山：そういえばいたなー。胸の大きい子がブラジャーしてきて、線が見えるってさんざんからかってさあ。泣いちゃったもんね、その子。
志水：子どもの時のことだって言うの、聞いてやんないの。生涯恨んでやるの。
杉山：許さなくっていいんですよ、べつに。

男性に強引に求められ、応じるという形での性のあり方、痛みや恐怖を感じながらもそれを喜びとして受け入れることを当然視される性のあり方、成長に伴う身体の変化をからかい、笑いものにすることが許されてしまう性のあり方が女性たちにとっての性的経験であるならば、それらにネガティヴな感情をもったり、それらを拒否したりすることは、それらを粛々と受け入れることよりもより明確な意思表示の表れ、すなわち異性愛規範に対する抵抗と言えるのではないだろうか。そしてこうした性をめぐる脅かしから自身を守ることができるのが、それも「許さなくっていいんですよ」という杉山の賛同の言葉に象徴されているように、女性同士の連帯によって守ることができるのが、女子校という世界なのである。

女子校というコミュニティ

『櫻の園』で描かれている演劇部は女子校の縮図であると同時に、宝塚的でもある。演じる役柄のためと思われるが、ほとんどの部員はショートカットかロングヘアかに二分されている。そこでボーイッシュな女性とフェミニンな女性の間に生まれる特別な愛情は、近代の延長線上にあるレズビアン関係の表象であると言えよう。

女性同士の親密な関係の表象として、たとえば周囲の反対を跳ね返すほど、二人が強い絆で結ばれているというような描き方ももちろんありうる。しかし『櫻の園』に描かれているのはそのようなタイプの関係性ではない。物語の中ではたしかに、志水と倉田は両思いとなって終わっている。しかしそれは『桜の園』の上演がまもなく始まろうとする時の、そしてそれはすなわち自分たちが演劇部で過ごす時間がまもなく終わろうとする時の高揚感と結びついているようであり、二人の関係性がこの先どうなるか必ずしもさだかではない。一方、この二人の関係の成就は杉山の失恋を意味しており、二人の姿をそっと見ていた彼女は涙を浮かべている。にもかかわらず、この映画のエンディングが多幸感に満ちているように感じられるのはなぜなのだろうか。

女子校は「女子だけ」とひとくくりにされがちな世界であるが、それぞれが抱えている思いや考え方や経験の違いを、一見他愛ない彼女たちのおしゃべりは浮かび上がらせる。と同時に、『桜の園』がまさに上演されようとするその瞬間、志水の「行きます」という言葉をきっかけに彼女たちは強い結束を示す。

「男装の麗人」に見るように、ボーイッシュな女性、あるいは男性的女性はある種、不安定さやゆらぎを抱える存在であり、それは関係自体の不安定さにもつながりうるものであった。だが、『櫻の園』ではそれが何らかの不安定要素とはなっていない。志水と倉田の間の愛情や杉山の志水に向けた思いがどのようなものであれ、それらを丸ごと包み込むような女性同士の絆という基盤があるからであり、それが彼女たちが属している演劇部、さらには女子校という世界なのである。関係性はコミュニティに根づいている時に強度を持つ。思えば、満開の桜はそのメタファーだったのではないか。関係がうまくいこうといくまいと、思いが成就しようとしまいと、それらは祝福されていること、また、そのような関係性を包み込む女子校というコミュニティやそこで過ごした時間は、満ち足りた完璧な世界であったことを示すのが満開の桜だったのではないだろうか。

比較的長く倉田に思いを寄せてきたらしい志水に対し、倉田の志水に対する「好き」はもしかしたらこの一瞬だけのものかもしれない。この二人は「つきあう」ことなく終わるかもしれないし、またつきあっても短期間で別れてしまうかもしれない。そのように「いずれ関係が終わる」、特に「卒業したら終わってしまう」ということをもって、学校時代の女性同士の関係は「本物の愛情ではない」とか「異性愛の代償である」などと一方的に論じられてきたのだが、そもそも若い頃の恋愛関係や「好き」という感情の大半はそのようなものなのではないか。それでも、その関係が異性愛であったならば「本物ではない」などと切り捨てられることはないだろう。むしろ、その一瞬の輝きや、それが人生において特別な時間であったことを、終わりがあるからこその完璧なまでの美しい時間として描き出してきたのが青春映画と呼ばれてきたものなのではないか。だとすると、『櫻の園』は女性の「青春映画」であり、また、最後は不幸になりがちなレズビアン表象に対するアンチテーゼとしての「幸福なレズビアン的青春」を描いた「レズビアン青春映画」なのである。

おわりに

一九八〇年代から一九九〇年代は〈少女〉についての論考が多数書かれ、〈少女〉について論じられた時代だった[*16]。『櫻の園』公開当時の映画評を見ると、そこで焦点を当てられているのはその〈少女〉性や〈少女〉である時間であり、映画の中に描かれている女性同士の関係については、それほど強い関心が払われているわけではない[*17]。もともとは年若い女の子を意味する言葉である「少女」が、多くはそうではない論者によって、理想化されたり幻想を託されたりしつつ造形されたのが〈少女〉と言える。もう子どもとは言えないが大人の女性とも言えない、そうした宙吊りの時間を生きる、未成熟であるがゆえに純粋で無垢な存在として——それはしばしば処女性とも結びつけられるのだが——、〈少女〉は特別視されていた。

現在では、一〇代後半の女性をそのような純粋無垢な存在として見なす者はほとんどいないだろう。公開から三〇年以上経過した今だからこそ、かつてのような〈少女〉に向けられた勝手な幻想や過剰な理想化から距離をおき、『櫻の園』に描かれていた女性同士の関係をまっすぐに見つめることができるのかもしれない。そのような視点から眺めたとき、登場人物である女性たちは〈少女〉という類の一人としてではなく、個別性や性的自己決定を備えた主体として顕在化し、そのような女性が他の女性に向けた特別な愛情が描かれた作品として、そしてそれが全面的に肯定された作品として、輝きを放って見えてくる。今はまだない、でもいつか描かれるかもしれない日本のレズビアン映画史に外すことのできない作品として、そしてそこで「近代」という時代性を帯びた作品として、『櫻の園』は参照され続けるのではないだろうか。

注

＊1 杉山は吉田秋生による原作漫画にも登場する人物であるが、漫画の中の杉山にはそのようなボーイッシュな要素は見出せない。なお、原作漫画については以下を参照した。吉田秋生『櫻の園【完全版】』白泉社、二〇一三年。

＊2 「タチ（オナベ）」のレズビアン・カテゴリーからの離脱については、杉浦郁子が以下で論じている。Sugiura, Ikuko, "Lesbian Discourses in Mainstream Magazines of Post-War Japan: Is *Onabe* Distinct from *Rezubian*?" in Diana Khor and Saori Kamano eds., *"Lesbians" in East Asia: Diversity, Identities, and Resistance*, New York: Harrington Park Press, 2006.

＊3 詳しくは以下を参照されたい。赤枝香奈子『近代日本における女同士の親密な関係』角川学芸出版、二〇一一年。

＊4 たとえば、秋田次郎「人気スター物語」『婦人公論』一九三五年四月号など。

＊5 歌劇のスターとファンの関係が同性愛と見なされていたことや、この後に取り上げる女性同士の心中事件にかんしては、ジェニファー・ロバートソンが以下で詳しく論じている。Robertson, Jennifer, *Takarazuka: Sexual Politics and Popular Culture in Modern Japan*, California: University of California Press, 1998.（＝堀千恵子訳『踊る帝国主義――宝塚をめぐるセクシュアルポリティクスと大衆文化』現代書館、二〇〇〇年。）; "Dying to Tell: Sexuality and Suicide in Imperial Japan," *Signs* 25-1 (1999), pp. 1-35.

＊6 Robertson 1998=2000 : 101-2.

＊7 寺尾紗穂『評伝 川島芳子――男装のエトランゼ』文春新書、二〇〇八年、一一頁。

＊8 これらの川島芳子をモデルにした作品については、寺尾（前掲書）に詳しい。

＊9 たとえば、一九二四年三月の『変態性欲』に掲載された「男性的女子（ギナンドリール）」という記事では、「男性的女子」の例として挙げている一人、奥村五百子ついて、「斬髪して常に男装をなし」と紹介している。

＊10 垂水千恵によると、「モダンガール（モダーン・ガール）」という言葉の初出は一九二三年一月であるが、その語が広がりを持って使われ始めるのは一九二五〜一九二七年頃であるという。垂水千恵「エッセイ・解題・関連年表・参考文献」、垂水千恵編『コレクション・モダン都市文化 第一六巻 モダンガール』ゆまに書房、二〇〇六年。

＊11 男性的な女性と女性的な女性のカップルについて、たとえば「女夫婦」と呼んで取り上げたりする雑誌記事等はそれ以前から見られるが、男装の麗人のようにメディア上で大きな注目を集めるものではなかった。

＊12 「レズビアン」というカテゴリーが戦後の日本でどのように定着していったかについては、以下で論じている。赤枝香奈子

「戦後日本における「レズビアン」カテゴリーの定着」、小山静子・赤枝香奈子・今田絵里香編『セクシュアリティの戦後史』京都大学学術出版会、二〇一四年。

＊13　杉浦郁子「一般雑誌における『レズビアン』の表象――戦後から一九七一年まで」『現代風俗学研究』第一一号、二〇〇五年、一―一二頁。

＊14　北原みのり『アンアンのセックスできれいになれた？』朝日新聞出版、二〇一一年、一頁。

＊15　北原、二〇一一年、六六頁。

＊16　その先鞭をつけたのは、「「ひらひら」の系譜――少女、この境界的なるもの」「「少女」の誕生――一九二〇年代、花開く少女」が収められた本田による以下の著作である。本田和子『異文化としての子ども』紀伊国屋書店、一九八二年。

その後、一九八〇～一九九〇年代にかけて、〈少女〉について論じたものとして以下のような書籍が出版された。宮迫千鶴『超少女へ』北宋社、一九八四年。本田和子『少女浮遊』青土社、一九八六年。本田和子ほか『少女論』青弓社、一九八八年。大塚英志『少女民俗学――世紀末の神話をつむぐ「巫女の末裔」』光文社、一九八九年。川崎賢子『少女日和』青弓社、一九九〇年。本田和子『女学生の系譜――彩色される明治』青土社、一九九〇年。宮台真司『制服少女たちの選択』講談社、一九九四年。高原英理『少女領域』国書刊行会、一九九九年。

＊17　たとえば、川本三郎は『櫻の園』に描かれている女性たちの関係を「憧れ」と呼び、主題に添えてはいるが、そこで中心的に論じられているのは「少女」という存在、そして「少女時代とは異性を意識しないでいられるわずかな時間」という限られた時間についてである。川本三郎「少女たちの憧れのとき」『キネマ旬報』第一〇四四号、一九九〇年、六九―七〇頁。

参考文献

出雲まろう「櫻の園」、出雲まろう編『虹の彼方に――レズビアン・ゲイ・クィア映画を読む』パンドラ、二〇〇五年。

倉橋滋樹・辻則彦『少女歌劇の光芒――ひとときの夢の跡』青弓社、二〇〇五年。

杉浦郁子「一九七〇、八〇年代の一般雑誌における「レズビアン」表象――レズビアンフェミニスト言説の登場まで」、矢島正見編著『戦後日本女装・同性愛研究』中央大学出版部、二〇〇六年。

――「日本におけるレズビアン・フェミニズムの活動――一九七〇年代後半の黎明期における」『ジェンダー研究』第一一号、二〇〇八年、一四三―一七〇頁。

――「「女性同性愛」言説をめぐる歴史的研究の展開と課題」『和光大学現代社会学部紀要』第八号、二〇一五年、七―二六頁。

――編『日本のレズビアン・コミュニティ――口述の運動史』(財団法人東海ジェンダー研究所 二〇〇七年度個人研究助成成果報告書)、二〇〇九年。

竹田志保「〈女子〉をめぐるまなざし――吉田秋生『櫻の園』と映画版の比較から」『人文』第一六号、二〇一七年、一〇三―二二一頁。

久保豊編『Inside/Out ――映像文化とLGBTQ+』早稲田大学坪内博士記念演劇博物館、二〇二〇年。

「女性間の親密な関係に関する雑誌記事」(編集復刻)『戦前期　同性愛関連文献集成　第三巻』不二出版、二〇〇六年。

第6章

ゲイ男性と結婚・恋愛・家族

『二十才の微熱』と『ハッシュ！』を男性同性愛の歴史に位置づける

前川直哉

はじめに

橋口亮輔監督の作品、中でも一九九三年に公開されたデビュー作『二十才の微熱』と二〇〇一年公開の『ハッシュ！』は、日本のゲイ映画史を考える際に外すことはできない作品であろう。だが、今から三〇年近く前に撮られた『二十才の微熱』をいま観返すと、現在の視聴者、特に若い世代の人たちには、違和感を抱かせる描写が散見されるかもしれない。

本章では歴史研究の立場から、『二十才の微熱』『ハッシュ！』が撮られた時代背景を記述し、戦後日本の男性同性愛の歴史のどの辺りにこれらの映画が位置するのか考察する。これらの作品は日本においてゲイ男性を取り巻く環境が大きく変動する時期につくられており、そうした転換期の情景が映画作品に刻み込まれていると筆者は考えている*1。本章ではとりわけ結婚、恋愛、家族の三つに注目する。

女性との結婚をめぐって

比較的説明しやすいところから取り上げよう。『二十才の微熱』の主人公・樹はウリセン（主に男性を顧客とする男性セックスワーク）でアルバイトする男子大学生である。物語中盤に、樹の客である中年男性が登場する。頑張って若作りをしたようだが（映画では省略されているが、シナリオでは白髪染を使っている様子が描かれている＊2）、実際は五〇歳前後といったところだろうか。樹とぎこちなく会話し、そして何とかセックスに持ち込もうと画策する中、彼は次のセリフを口にする。

「君みたいないい息子さんを持ってたら、お父さん……いいよな。うち、娘なんだよ……つまんないよ。君みたいな息子が持てたら……」

女性と結婚し、家には妻子がいながら、ウリセンの客として男性とセックスする。それは、この世代のゲイ男性としては、決して珍しくない生き方であった。

図1にある通り、一九九〇年時点での男性の五〇歳時の未婚割合（当時の呼称では「生涯未婚率」）は五・六％。二〇一五年の二三・四％に比べるとその低さは一目瞭然である。実はこの五・六％という数字もかなり高くなってのものであり、一九七〇年までは一％台、一九八〇年でも二・六％という数字であった。戦後のある時期までの日本は、ほとんどの男性は一定年齢になったら結婚することが当然とされる、いわゆる皆婚社会だったのである。

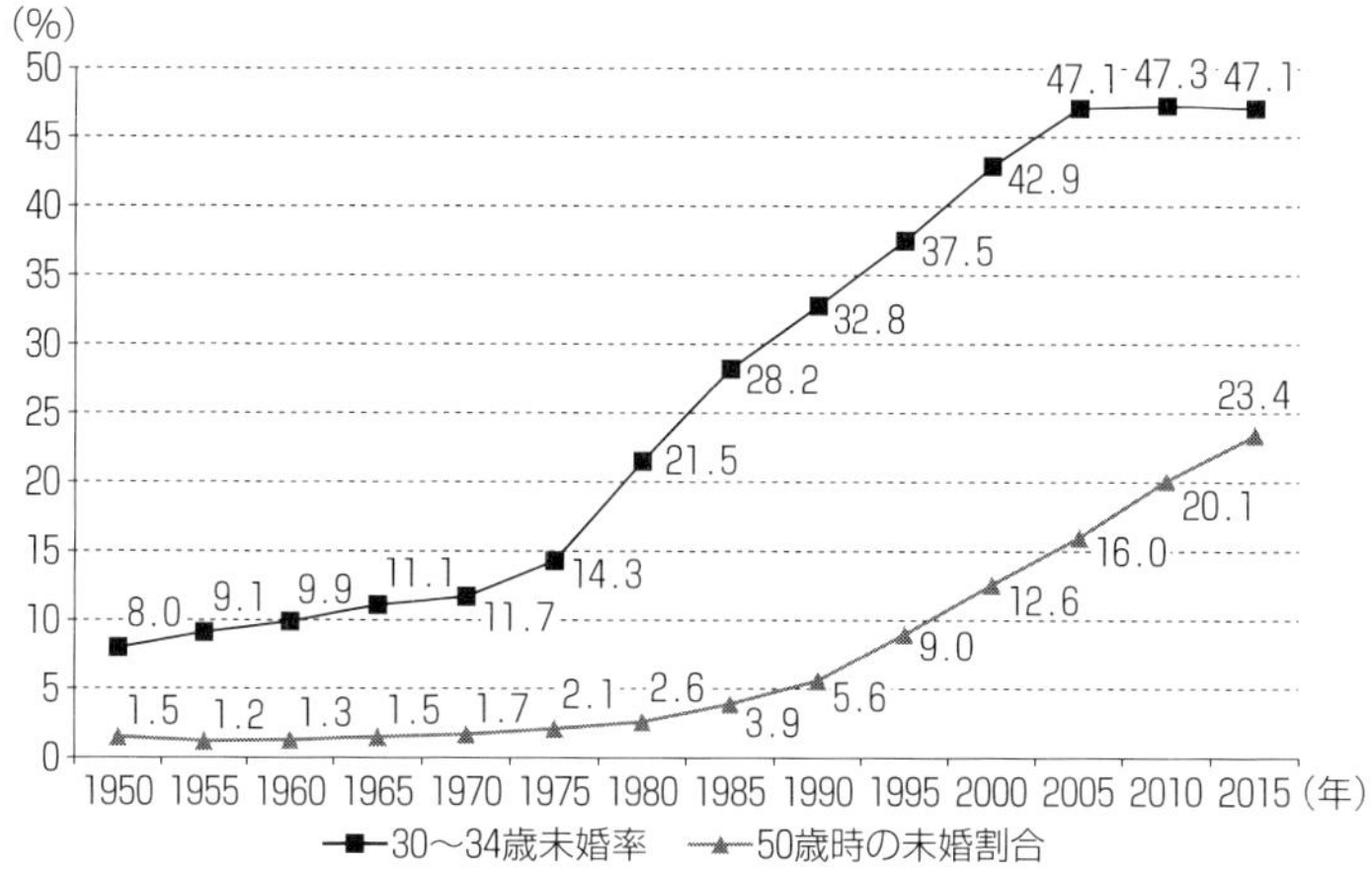

図1　日本における未婚率の推移（男性）

（国立社会保障・人口問題研究所『人口統計資料集』などから作成）

ゲイ男性を自認する人々にとって、結婚をめぐる苦悩は、「同性愛」という概念が日本に輸入された大正期から続く大きな悩みの一つであった[＊3]。一九七一年に創刊された日本初のゲイ男性向け専門商業誌『薔薇族』はたびたび結婚に関する特集を組み、そこには次のような当事者男性からの投稿が掲載されていた。

いまのぼくには結婚できそうにありません。だけど形式でもいいから結婚をしたいのです。世間態《ママ》も考えます。年を取ってしまった先のことも考えます。それに赤ちゃんも欲しい。年をとった母の手に赤ちゃんを抱かしてあげたい。ぼくはどうしても結婚をしたいのです。たったひとり残った田舎のおふくろに親孝行をしてあげたいために……。[＊4]

世間体や家族・親族からのプレッシャー、妻子がいる「あたたかい家庭」を持ちたいという願望、老後の心配など、さまざまな理由が重なり、多くのゲイ男性は「女性との結婚」と「男性との同性愛」をどう折り合わせるかに悩んでいた。

どちらかを諦める場合もあれば、何とかして両立を図ろうとするケースも少なくなく、一九八〇年代の『薔薇族』誌上においても、既婚ゲイ男性が同性の交際相手を募集する呼び掛けは珍しくなかった。「結婚しつつ、妻や子に内緒で男性とセックスする」というライフスタイルは、当時の大半のゲイ男性にとって現実的に最も多くのものを得られる選択肢であり、樹の客である中年男性はそれを樹に隠そうともせず自分の娘の話をしていたわけである。もちろん、家庭外での男性との交際に後ろめたさを抱く男性も少なくなかったであろう。また、さまざまな事情から女性との結婚を強いられたケースも多いと考えられ、こうした行為を現在の価値観から単純に断罪することは慎まねばなるまい。ただし、「異性と結婚しつつ、家庭外で同性と交際・セックス」が可能だったのはほぼ男性に限られており、その背景には男性の浮気は大目に見られやすいという性規範のダブルスタンダードや、家庭外で自由になる時間やお金を持つ者が男性に偏重していたというジェンダーの非対称があったことは指摘しておくべきであろう。

ここで図1に戻ると、一九九〇年の三〇―三四歳未婚率は三二・八％となっており、一九七〇年の一一・七％から二〇年間で三倍近くに急増していることが分かる。つまりこの時期は日本において、晩婚化・非婚化が急速に進行する時期の最中であった。二〇年後である二〇一〇年の五〇歳時未婚率は二〇・一％であるから、一九六〇年生まれの男性は三〇歳の頃に三人に一人が、五〇歳になっても五人に一人が結婚していないことになる。もちろん階層や職種、地域などによって大きな差はあるものの、この世代ぐらいから「結婚しない男性」は、そう珍しい存在ではなくなったと言えるだろう。一九六二年生まれの橋口亮輔監督はまさにこの新しい世代に属し、上の世代との差異を肌で感じていた一人であったと考えられる。『二十才の微熱』において、大学生の樹や高校生の信一郎と、客である中年男性の間に、女性との結婚に関し隔絶とも言えるような世代差が生じていることが描かれていたのは、こうした歴史的転換が背景にあった。

斉藤巧弥は一九八〇年代から二〇一〇年代に描かれたゲイマンガ（ゲイ男性がゲイ男性に向けて描くマンガ）を分析し、八〇―九〇年代のゲイマンガには女性との結婚が描かれることが多く、作品内でゲイ男性は女性と結婚するか否かの選択肢の狭間で揺れ動き、異性愛社会を原因とする葛藤や悩みを抱える存在として描かれていたのに対し、二〇〇〇年代以降の作品ではこうした物語がほとんど見られなくなることを指摘している[*5]。斉藤が指摘する通り、かつてゲイ男性にとっての結婚をめぐる苦悩とは「女性と結婚しなければいけない」という悩みであったが、現在の多くのゲイ男性が抱える悩みは「同性と結婚できない」というものであり、女性との結婚・交際を前提としないものへと変化してきた。『二十才の微熱』はまさにこうした転換期に撮られた作品であり、時代差が世代差となって明確に映し出されている作品であると言えよう。

「兄貴」から「恋人」へ

ゲイ男性を取り巻く環境の変化は、女性との結婚に関するものだけに留まらない。ゲイ男性が、自分が希求する同性同士の親密な関係性をどのように認識するかも、『二十才の微熱』が撮られた一九九〇年代に大きな変化を迎えていた。

劇中、ゲイであると自認する高校生の信一郎が、樹に対して特別な感情を抱いている様子は作品中にさまざまな形で描写される。

「でもさ、何か男同士って何か、もっと簡単そうなのにね」
「お前さ、男の愛情を甘く見てんじゃねーよ」

「なに偉そうなこと言ってんのよ。言っときますけどね、男女交際だってそれなりに大変なんだからね、甘く見ないでよね」

幼馴染である女友達・あつみの問いかけに対し、信一郎は樹への感情を「男の愛情」と表現し、あつみはそれを「男女交際」と対置させている。ただし映画全編を通して、男性同士の親密な関係が「恋愛」に類する語で表現される場面は意外なほど少ない。それはもちろん、信一郎の樹に対する感情の揺れを丁寧に描出するため、安易な名づけが避けられた結果でもあろう。だがおそらく、理由はそれだけではない。

ゲイ男性が好きな男性に対する感情を「恋愛」に関する語で表現するのは、現在ではごく当たり前の感覚となっている。実際、ゲイ男性向けのマッチングアプリやインターネット掲示板では、「恋人募集」「彼氏募集」といった言葉が日常的に使用される。だが、男性同士の親密な関係性を「恋愛」と呼び、ゲイ男性の多くが「恋人」を求めるようになった歴史は、長いものではない。

図2はゲイ雑誌『薔薇族』一九七一年、一九八一年、一九九一年の各一一月号の文通欄[*6]において、相手への呼びかけや関係性を指す際に使われる呼称を「男性家族メタファー」(兄、弟、父、息子など)、「友・友情」(友、友人など)、「恋人・彼氏」(恋人、彼氏など)に分類し、それぞれの出現割合を経年比較したものである。グラフを一見して分かる通り、七一年、八一年の『薔薇族』文通欄では「恋人」という表現はほとんど見られず、「頼れる兄貴」「可愛い弟/息子」など男性家族のメタファーが用いられることが一般的であった。『二十才の微熱』で中年男性客が樹につぶやく「君みたいな息子が持てたら」というセリフには、こうした意味合いも含まれていたのである。なお、同じ家族のメタファーであっても、「妻」の出現は八一年、九一年に各一通ずつのみと非常に少なく、また「夫」はゼロである。『薔薇族』文通欄で使用される家族メタファーは、夫婦ではなく、兄弟や父

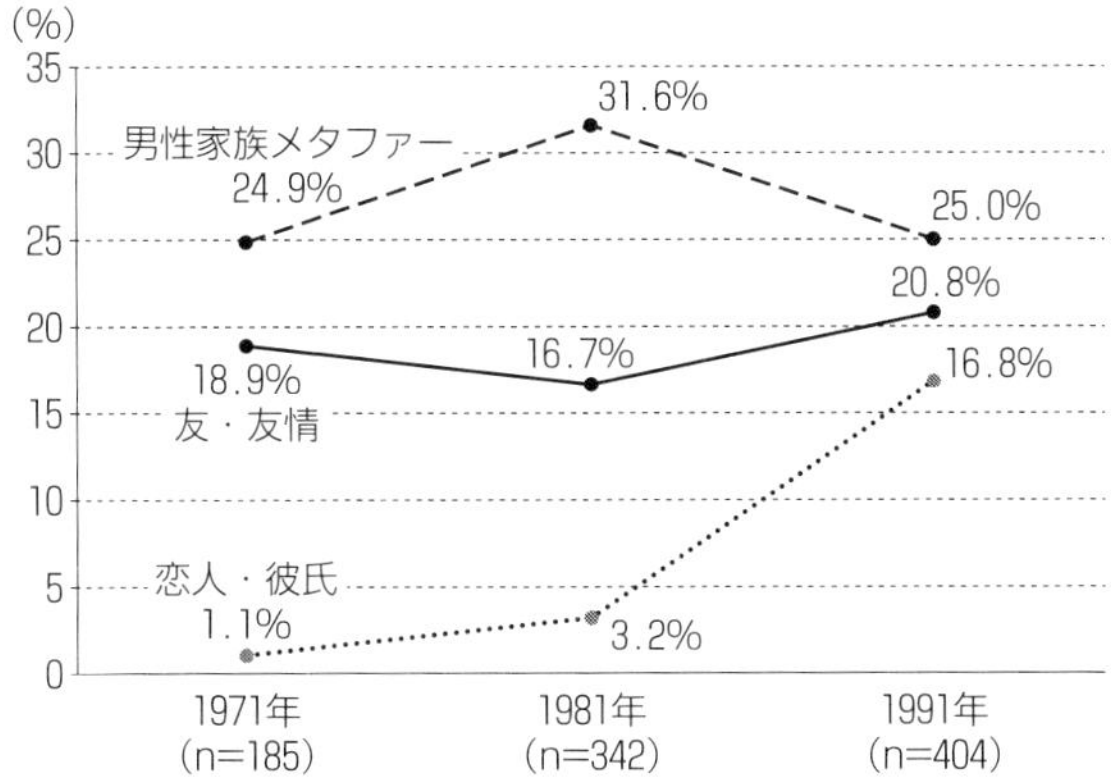

図２ 『薔薇族』文通欄における関係呼称の変化

（各年の11月号をもとに筆者作成。調査対象とする全投稿のうち、それぞれの分類に属する語が１回以上使用されている投稿の割合を示す）

子関係が中心であった。

二一歳までの方、連絡ください。小生一七五cm、七〇kgのスポーツマンタイプの清潔感あふれる四四歳。父となり、兄となり可愛がってあげたいという情熱にあふれています。（一九七一年一一月号）

僕、今兄貴を募集中です。一六七×五四、一九歳でカワイイって言われるけど、ちょっぴりツッパってて淋しがりやの僕を力強くひっぱってくれるさわやかでカッコイイ兄貴いないかなァ。（一九八一年一一月号）

このように親密な関係性を男性家族のメタファーで表現する背景には、いかなる事情があったのか。投稿を子細に分析すると、男性家族のメタファーには庇護のニュアンスや年齢差の表示機能、男らしさの表現など複数の要素が付帯しており、投稿者によって微妙な使い分けがなされているものの、「なぜ恋人・彼氏ではなく兄・弟や父・子などの呼称を使っていたのか」を一言で言い表すのは難しい*7。

ただし「兄、弟」という男性家族のメタファーには、ある利点があった。それは次の引用のように、「妻と兄（または弟）がいる」または「兄・弟が複数いる」という状態が（少なくとも語法の上では）許される、モノガミー規範からの自由さであった。

月二回ほど逢える私より一つ上の兄貴と、時々電話をくれる三年前の気持に仲をもどした若い弟と、それに妻と家族を守って長くない人生を、自分に正直に生きたいと思います。（一九七五年八月号）

「妻がいて、（妻とは別の）恋人がいる」あるいは「恋人が二人いる」といった表現に比べると、「兄貴」「弟」という呼称を用いることで、（こうした用法のメリットに自覚的だったかどうかはともかく）モノガミー規範との衝突が回避されている様子が分かる。

図2のように一九八一年一一月号の文通欄では「恋人」表現がやや増加しているが、そこでは「友だちのような、恋人のような二五歳位から同年代の人」「時には恋人、時には友人に、そんな付合いができる若い人」のように、いわばパートタイムの恋人関係を希求する投稿が目立つ。これもまた、モノガミー規範からは比較的自由な、そして女性との結婚との衝突を回避できる関係性の表現と見ることもできるであろう。

いっぽう一九九一年一一月号になると、「恋人・彼氏」呼称の使用頻度が急増するだけでなく、「パートタイムの恋人関係」を想起させる表現が減り、「友達」と「恋人」は別物であるとする認識が共有されるようになる。この号の文通欄に見られる「この世界の友達、できれば恋人がほしい」「友達を募集します。気が合えば恋人ってのもいいなって思います」のように、「友達」より深い関係性にある相手を「恋人」と呼び、「恋人が欲しい」と投稿で呼びかける感覚は、現在のゲイ男性向けマッチングアプリに見られる感覚と非常に近い位置にあると思われる。
この背景にはやはり、皆婚社会が崩れ、ゲイ男性の想定する自身のライフコースから「女性との結婚」の存在が徐々に薄れていったこと、そして「異性と結婚しつつ、家庭外で同性と交際」という生き方ではなく「愛する同性と一生をともにする」という生き方が、少しずつ現実感をもってゲイ男性に意識されるようになったという変化があると考えられる[*8]。例えば『薔薇族』一九九一年二月号には、「ホモ夫婦の墓」を生前に建てたカップルの「感動実話」が掲載されている[*9]。また同年八月号の次の投稿からは、「女性との結婚」ではなく「愛する男性と一生を添い遂げる」ことを願う気持ちがあふれている。

たしかにこの世の中で、男が男といっしょに暮らすなんて、非常に困難ですよね。でも、それだからといって逃げたり弱気になったりして、自分のたった一度しかない人生を棒にふってもいいのでしょうか。〔中略〕と簡単に言ってもそうはいきませんが、その小さな勇気を何倍にもしてくれる人を探すんですよ。その人があなたの、僕の、人生のパートナーでしょう。ひとりで淋しく死んでゆくよりも、最愛の人に見送られたいものですね。[*10]

こうした意識の変化が背景の一つにあり、ゲイ男性が親密な同性を指すときの呼称として、「恋人」「彼氏」といった表現が用いられるようになっていったと考えられる。同性に対する感情をどう名づけ、どのように認識するかも、『二十才の微熱』が撮られた時期には大きな過渡期を迎えていたのである。

ゲイ男性と「家族」——結婚との分離、そして再び結婚へ？

『薔薇族』誌上において、同性同士の親密な関係性を「恋愛」と認識し、文通欄で「恋人」を求める投稿が急増した背景には、女性との結婚が後景化したこと以外にも理由があると考えられる。その一つは、一九八〇年代を通して主に若年男性向け雑誌などで「恋愛をしろ、恋人をつくれ」というメッセージが、商業主義と結びつきながら強力に発信されるようになったことだろう。例えば一九七九年創刊の『ホットドッグ・プレス』（講談社、以下『ＨＤＰ』）は、読者を消費の主体と見なし、消費に駆り立てようとするカタログ雑誌であったが、創刊当初は「恋愛」をテーマとはしていなかった。だが一九八二年五月一〇日号の特集「ぼくたちの必修課目は恋愛講座です。」を一つの画期として、「恋愛マニュアル」と「カタログ」の要素を併せ持つ特集をたびたび組むようになり、人気を博していく*11。

山田昌弘は一九七〇年代頃から男女交際の活発化が始まったと指摘した上で、「結婚を前提とせずに、恋愛そのものを楽しむという意識」が強まり、こうした「恋愛と結婚の分離」が一九八〇年代以降のテレビ・ドラマの描かれ方に顕著に現れていると述べる*12。結婚と分離した恋愛の登場は当時の大きな特徴であり、例えば一九八六年に『ＨＤＰ』が刊行した『恋愛情報マルチカタログ』はファッション・自家用車・デートスポットから同棲時の家具までを値段とショップリストつきで紹介しているが、最後まで「結婚」に関する事項は出てこない。これは『ＨＤＰ』本誌においても同様であった。

同性間の結婚が認められていない状況下において、このような結婚と分離した「恋愛」は、ゲイ男性にとっても受容しやすいものであり、ゲイ男性は次第に「恋愛」「恋人」を求めるようになっていったと考えられる。橋口監督が二〇〇一年に公開した『ハッシュ！』では、ゲイ男性の口から「恋人」「彼氏」といった言葉が躊躇なく語られるようになっている。

斉藤は二〇〇〇年代以降のゲイマンガにおいて、登場人物が男性と恋愛することを当たり前のものとして受容しながら物語が進んでいくことを指摘する。だが、それとともに「恋愛関係が永続しないという不安、恋人が別のより良いパートナーを見つけてしまうかもしれないという不安」が描かれるようになり、これらの不安が恋愛成就を左右する新たな障害として利用されるようになったという[*13]。

この不安は、『ハッシュ！』の冒頭でも描かれている。ゲイである直也はワンナイトラブの相手はいるものの、その関係が永続しないことに満たされなさを感じている。だが勝裕と出会い、その誠実な人柄の一端に触れたことで二人の関係が長く続くのではという予感を抱き、直也は何とも言えない幸福感に包まれるのである。

河口和也が指摘する通り、この映画は――「結婚とか付き合ってくれとかそういうのではなくて、子どもがほしい」と勝裕に迫る朝子も含め――オルタナティヴな「家族」を描こうとする物語である。非異性愛者にとって『抑圧』の場あるいは空間であり、むしろ忌まわしいもの」であった既存の「家族」に代わり、『選択による家族」の可能性、それも二人ではなく三人という組み合わせによるオルタナティヴな「家族」の可能性がこの作品には描かれている[*14]。『ハッシュ！』で主に描かれる「抑圧」の場としての家族は勝裕や直也の血縁家族であるが、『二十才の微熱』ではまた違った抑圧も描かれていた。樹が大学の先輩・頼子の家に行った際、頼子の父が先述の中年男性客であったことが明らかになる。頼子と母はもちろん父がウリセンに客として通っていることなど知らず、樹をもてなす（母はよりによって「息子ができたみたい」というセリフまで口にする）。頼子の父との間に気まずい空気が流れる中、異性愛家族に招かれた爽やかな青年を演じようとする樹は、しかし、状況に耐え切れず嘔吐してしまう。樹を、そして頼子の父を抑圧していたのは、食卓をみんなで囲み日常的な「幸せ」が営まれる異性愛家族であり、そうした家族の姿を理想視する社会そのものであった。

『二十才の微熱』の樹や信一郎は、まだ学生ということもあり、彼らがどのような家族を選ぶのか、選ばないのかはほとんど示されなかった。そこで明確に表現されていたのは、自分たちを抑圧する従来の「家族」への拒絶であった。いっぽう『ハッシュ！』において直也・勝裕・朝子の三人は、自分たちが居心地よくいられるような、新たな「家族」の姿を模索しようとする。

ジョージ・チョーンシーは一九八〇年代に起きたエイズ危機とレズビアン・ベビー・ブームがきっかけとなり、一九九〇年代になってアメリカの同性愛者の間で法的な同性婚という目標が比較的広範な支持を得るようになっていく様子を描き出している[*15]。かつて一九六〇年代から七〇年代の性革命期には、モノガミーを否定し、フリー・セックスなどの実験的性関係が高く評価されていたが、一九九〇年代に入るとモノガミー関係を再生させ、制度としての形を与える手段として同性婚を歓迎するゲイ男性が登場するようになっていったという。

「俺なんか、初めから無いもんだと思ってるよ。家族とか、そういうの。だってさ、俺たちみたいな世界って、恋人と長続きするなんて稀じゃん。一人でいる覚悟なかったら、やってけないでしょ」

『ハッシュ！』の直也は、諦めたようにこう嘆息しつつも、勝裕と長く続くモノガミー関係を希求しているようだ。ただし、同性婚を直接的に示唆するような場面は、劇中にはほとんど登場しない。映画が公開された二〇〇一年はオランダで世界初の同性婚が認められた年であり、日本に暮らす多くの同性愛者にとって、同性婚はまだリアリティのある存在ではなかった。だから直也は、自分が家族をつくることを「初めから無いもんだと」考えていたのである。そういう時代だったからこそ、この映画では、直也と勝裕のモノガミー関係を結婚制度へと直線的につなぐのではなく、そこに朝子（と、将来生まれるかもしれない子どもたち）を加えたオルタナティヴな家族像を夢想することができたのかもしれない。

現在ではいわゆる先進国を中心に多くの国が同性婚やそれに準じる制度を導入している。日本でも複数の自治体がパートナーシップ認定制度を導入し、同性婚についての議論も本格化しつつある。かつて「女性との結婚」との両立を図られていた男性同士の親密な関係は、いったんは結婚と分離した条件の下で「恋愛」と呼ばれるようになり、今度は同性婚という形で、再び結婚と結びつくようになってきたのである。「恋愛→結婚」とは異なる、オルタナティヴな家族のあり方を模索した『ハッシュ！』とは違った形へ、現実社会が動いていったと言えよう。

おわりに

本章では、橋口亮輔監督の『二十才の微熱』『ハッシュ！』という二つの作品を題材としながら、それぞれの映画が撮影された時代のゲイ男性を取り巻く環境を記述することで、作品を戦後日本のゲイ男性の歴史の中に位置づける作業を行った。

もちろんこれらの映画はフィクションであり、当時のゲイ男性の実生活を切り取ったものではない。だが本章で明らかにした通り、これらの作品が撮影された一九九〇年代・二〇〇〇年代は日本で暮らすゲイ男性を取り巻く環境が大きく変動した時期でもあり、そうした時代背景は——時には作り手の意図を越えて——フィルムに色濃く刻まれている。

『ハッシュ！』が撮られた後も、日本で、そして世界で、性的マイノリティをめぐる環境は大きく変容している。それぞれの時代状況は映画作品にどのような影響を与えているのか、そして映画作品が現実社会にどのような影響を与え時代をどう動かしていくのか。歴史学の視点も入れながらそうした相互作用を丁寧に観察していくことは、今後ますます重要になっていくと考えられる。

注

＊1　男性同性愛者を指す呼称は自称・他称ともに時代によって変遷するが、本章では便宜的に、現在の一般的な呼称の一つである「ゲイ男性」を、扱われている時代を問わず用いることとする。

＊2　橋口亮輔「シナリオ　二十歳の微熱」『シナリオ』一九九三年九月号、三六―六四頁。

＊3　前川直哉『〈男性同性愛者〉の社会史――アイデンティティの受容／クローゼットへの解放』作品社、二〇一七年。

＊4　本木末雄「早く結婚したい、のだけど……」『薔薇族』一九七三年一月号、二二頁。

＊5　斉藤巧弥「恋愛からみるゲイ男性のアイデンティティ――ゲイマンガに描かれる悩みと社会」『国際広報メディア・観光学ジャーナル』第二九号、二〇一九年、三七―五三頁。

＊6　『薔薇族』は創刊号から読者投稿による文通欄を常設していたが、投稿が初めて一〇〇通を超えたのが一九七一年一一月号（第三号）であり、これを起点に一〇年おきに比較した。なおそれぞれの母数は投稿総数から「サークルのメンバー募集」「尋ね人」などを除外した一八五通、三四二通、四〇四通である。

＊7　前川直哉「「兄貴」から「恋人」へ：戦後日本における男性同性愛者と親密性」ジェンダー史学会第一四回年次大会口頭発表資料、二〇一七年一二月一七日（於：奈良女子大学）。

＊8　もちろん、この時期に全てのゲイ男性の意識や生き方が一気に変わったわけではない。一九九一年時点においても、依然として「女性との結婚」を求める読者投稿は『薔薇族』に掲載されていたし、九一年一一月号の文通欄全四八四件のうち「結婚コーナー」「男女交際コーナー」には二三件の投稿が掲載されている。また一九九一年一二月号に掲載された読者アンケート「俺が男についた忘れられないウソ」には、既婚者であるにもかかわらず「結婚していない」とウソをついたケースも二件掲載されていた。逆に、一九九一年のドキュメンタリー映画『らせんの素描』の主人公たちのように、すでにこの時期に男性同

士で同棲しているカップルも存在している。意識や生き方の変化は、地域差・階層差・個人差などを伴いながら、徐々に進行していったと考えるべきであろう。

＊9　藤田竜「感動実話　「ホモ夫婦の墓」を、なんとまあ生前に建ててしまった四八歳カップル！」『薔薇族』一九九一年二月号、一〇〇―一〇二頁。

＊10　人生を共に！「ふたりでしたいこと、たくさん」『薔薇族』一九九一年八月号、七五頁。

＊11　前川直哉「一九八〇年代の若年男性向け雑誌における恋愛のゲーム化と消費扇動」ジェンダー史学会第一六回年次大会口頭発表資料、二〇一九年一二月八日（於：専修大学）。

＊12　山田昌弘『結婚の社会学』丸善ライブラリー、一九九六年。

＊13　前掲「恋愛からみるゲイ男性のアイデンティティ」四四頁。

＊14　河口和也『思考のフロンティア　クィア・スタディーズ』岩波書店、二〇〇三年、七四、九一頁。

＊15　Chauncey, George *Why Marriage?: The History Shaping Today's Debate Over Gay Equality*, New York: Basic Books, 2004.（＝上杉富之・村上隆則訳『同性婚――ゲイの権利をめぐるアメリカ現代史』明石書店、二〇〇六年）

第7章

SOMEDAYを夢見て
薔薇族映画「ぼくらの」三部作が描く男性同性愛者の世代

久保 豊

薔薇の花が咲きひらいたとき

一九八二年、日本映画産業の片隅で薔薇の花が咲きひらいた。東梅田シネマにて実験的に上映された松浦康治監督の『白い牡鹿たち』『薔薇と海と太陽と』『薔薇の星座』(一九八〇年)は三週間で一万人の観客が殺到するほどの反響を呼び、その中には多くの女性観客も含まれていたと言われている[*1]。男同士のセックスを正面から描いたとされる松浦の三作品は、同年一二月一一日から新宿東映会館にて上映を拡大し、さらにたくさんの観客を動員した。このような松浦作品の大成功に目をつけたENKプロモーションと大蔵映画は、一九八三年から男同士の恋愛やセックス描写を主軸とした成人映画の製作・配給に乗り出す。これが男性同性愛者を中心的なターゲットとした成人映画、すなわち薔薇族映画の興行的始まりである[*2]。

薔薇族映画以前に男性同性愛者が日本映画産業において描かれてこなかったわけではない。日本のクィア映画批評を牽引した映画評論家・石原郁子によれば、大手映画会社製作による映画の中で「はっきりとゲイの青年の心情を浮き彫りに」し、「初めてゲイの青年が〈可視〉のものとなった」のは、木下恵介監督の『惜春鳥』(一九五九年)であったとされる*3。『惜春鳥』以前の日本映画であれば、『自由学校』(渋谷実、一九五一年)や『青空娘』(増村保造、一九五七年)など、シシー・キャラクター(sissy character)として描写されうる男性登場人物がしばしば日本映画には登場した*4。男性同性愛者向けの会員制同人誌『アドニス』が創刊された一九五〇年代という同時代性をさらに考慮すれば、これらの作品に同性愛者と思わしき男性たちが登場したことは偶然ではなかったと言えるかもしれない。

しかし、一九四九年に制定された映画倫理規定においてすでに自主規制の対象とされた「色情倒錯または変態性欲」には、同性愛も含まれていたと考えられる。一九五六年末に第三者が運営する自主規制機関として誕生した映画倫理管理委員が一九五九年に示した規定によれば、第六条「性及び風俗」第三項「色情倒錯または変態性欲に基づく露骨な行為を描写しない」の解釈として、「同性愛、ゲイ・ボーイの生態、変態趣味、サディズムなどの扱いが含まれる」と記述されていた*5。そのような自主規制下において、大手映画会社のスタジオ・システム下で製作された商業映画は直接的な同性愛表象を控える一方で、読みの可能性としての同性愛的な描写の痕跡を残すことに成功したのだと考えられる。

一般商業映画が読みの可能性として描いた男性同性愛者たちの姿は、一九六〇年代の実験映画および一九七〇年代以降の成人映画においてより鮮明に肉付けされていく。例えば、一九六〇年代半ばから一九六〇年代末にかけて、ドナルド・リチー(『死んだ少年』一九六七年)や松本俊夫(『薔薇の葬列』一九六九年)に代表される実験映画は、死の香りをさせつつも、より具体的に同性愛者の日常と非日常を描いた*6。さらには、一九七一年以降の日活ロマンポルノにおいても、『雌猫たちの夜』(田中登、一九七二年)や『桃尻娘 ラブアタック』(小原宏裕、一九七九年)など、男性同性愛者に物語の中心的な役割を与える成人映画も登場した。興味深いのは、前述した「性及び風俗」の規定は「正常ではない男女関係」、つまり「結婚及び家庭生活一般の神聖さを犯す」ような男女関係が成人映画において描写されることを慎重に検討するべきと覚え書に記した一方で、一般商業映画で自主規制の対象とした同性愛については特に制限を設けていなかった点である*7。同性愛描写に対する規制の不在は、成人映画に男性同性愛者を明確に登場させることを可能にしたのだろう。しかし、日活ロマンポルノのほとんどは男性同性愛者を悲劇的もしくは狂気的に、あるいは暴力の被害者として描くことで、結局は異性愛男性の特権性を強化するためだけの存在として搾取した可能性を軽視できないのもまた事実である。

そのような過去の表象からは距離を置き、男性同性愛者が確かな肉体と体温、そしてエロティシズムを伴った存在として描かれることを可能としたのが薔薇族映画である。一九八〇年代初頭に開花した薔薇族映画は、成人映画のサブジャンルとして以下の二つを可能にしたと考えられる。すなわち第一に、実際に一九八〇年代の日本社会で生きる生活者としての男性同性愛者たちの姿を描くこと、第二に、一般商業映画において語られることのなかった男性同性愛者の未来を肯定せんとするファンタジーの力を成人映画のスクリーンに体現したことである。拙論ですでに明らかにしたように、特に初代社長の駒田達郎が率いたＥＮＫプロモーションは、作品に対する観客からの率直な感想を製作活動へ積極的に取り入れる姿勢を重要視していた*8。そのような姿勢は、薔薇族映画が一九八〇年代および一九九〇年代を通じてさまざまな作風の作品を送り出すうえで欠かせない指針となっていたと推測できる。このような指針を軸に薔薇族映画で描かれた男性同性愛者たちは、セックスを含めた恋愛関係やスポーツなどの趣味を楽しみ、ときには嫉妬や失恋に涙し、またときには異性愛中心社会である日本に同性愛者として暮らす葛藤や苦しみを吐露し慰め合う。一般商業映画や日活ロマンポルノにおける男女の恋愛に対する「添え物」としてではなく、薔薇族映画のスクリーンには、決して一枚岩ではない、さまざまな属性をもつ男性同性愛者たちの姿がある。

薔薇族映画が興行として成立して三年が経った一九八五年、英語圏では映画学者のリチャード・ダイアーがゲイポルノ映画に関する重要な批評を提言している。「観客に性的興奮を喚起させるあらゆる映画」をポルノ映画と簡潔に定義したダイアーは、「欲望の教育（education of desire）」という観点から、ゲイポルノのナラティヴに着目した[*9]。ダイアーによれば、「ゲイポルノ映画の根底にあるのは、物語的なセクシュアリティであり、視覚的なクライマックスという到達点への欲望としての男性のセクシュアリティの構築」を促した[*10]。*Bigger Than Life* においてゲイポルノ映画の歴史を辿るジェフリー・エスコフィエは、ダイアーが論じた「欲望の教育」に立ち戻り、ゲイポルノ映画が多くの男性同性愛者にとってコミュニティ内のルールや魅力的なセックスの方法を学ぶだけでなく、同性愛者としてのセクシュアリティやアイデンティティの形成に貢献したと述べる[*11]。欲望の源泉となるファンタジーをスクリーンに描くことで、なぜゲイポルノ映画は産業として成功したのか。その問いに対するエスコフィエの答えとは、つまり、「ポルノ映画は社会的慣習、我慢、都合といった日常的な制約に縛られることなくセックスが存在するファンタジーの世界へのパスポートである」というものだ[*12]。薔薇族映画は、「欲望の教育」を『アドニス』や『薔薇族』といった活字メディアから映像メディアへと拡大し、成人映画専門館は視覚と聴覚によるスペクタクル、そしてときには他の観客との触覚的交流を通じて、映画館外の現実世界とは異なるファンタジーの世界へと観客を誘ったのである。

では、薔薇族映画は男性同性愛者たちにどのようなファンタジーを夢見させたのか。本章は、初期薔薇族映画の代表作である広木隆一監督の「ぼくら」三部作を対象とし、この三部作が描く若い世代と年上の世代の交流にみる共通性と差異を検証し、本三部作が後続する薔薇族映画および同性愛を主題とする一般商業映画が描く若さと老いに与えた影響を明らかにしたい[*13]。

「ぼくら」三部作と世代間の交流

「ぼくら」三部作とは、一九八三年以降にENKプロモーションが配給した薔薇族映画第二作目であった『ぼくらの時代　木又三郎君の事』(一九八三年、以下『ぼくらの時代』)を皮切りに、中村幻児門下として数多くの青春ピンク映画を監督していく広木隆一が続けて撮り上げた『ぼくらの季節』、『ぼくらの瞬間』(一九八六年)の三作品を指す[*14]。『銀星倶楽部19　桃色映画天国1980-1994』によれば、これら三作品は「ファンの間で幻の最高傑作と呼ばれていた」作品群であり、なかでも第二作『ぼくらの季節』は特に評価が高いとされる[*15]。公開から四〇年近く経過した二〇二一年現在は、横浜高音座などの成人映画専門館での上映に加えて、ビデオ販売や三五ミリフィルムでのアクセスが可能である。

三部作の概要は以下の通りである。『ぼくらの時代』の主人公である桜井順平(中根徹)と俊也(佐藤靖)は恋人同士であり、同じ職場である原宿の美容院では二人の関係を隠している(と少なくとも二人は思っている)。ある日、木又三郎(竹内健二)という少年が美容院へ突然現れ、順平と俊也の住まいだけでなく、職場へも居つき始める。順平と俊也と三人で同時に性行為に及んだ後の三郎は、次第に店の男性従業員や男性客とも関係を持ち、俊也とも深い関係を求め始める。三郎の闖入によって俊也と順平は一時的に別れてしまう。だが、ひとたび三郎がヘアデザインの勉強のために俊也を置いてニューヨークへ旅立つと、「帰ろうか。俺たちの部屋にさ」と順平が俊也を慰めることで二人の関係は元の鞘へ収まり、佐野元春の〈ガラスのジェネレーション〉をBGMに第一作目は終わりを迎える。

第二作『ぼくらの季節』の主人公は、第一作目と同じ俳優が演じる順平と俊也である。お互いのパトロン――

オヤジ・相田譲治（大杉漣）とパパ・進藤利春（池島ゆたか）――から得た出資金を元手に開業したバーを経営している。ある朝、二人は店近くの路上で倒れ、「赤ちゃん……」と苦しそうにしている若い女性マミ（星野まゆみ）を助ける。俊也が順平との子どもを育てたいと知ったマミは、二人との子作りを提案する。順番にマミの膣内へ射精した順平と俊也は彼女のヴァギナを見つめながら喜ぶ一方で、浮かないマミの表情が強調される。マミの妊娠がすぐに分かり出産を楽しみにしている二人の前に、パトロンである譲治と利春が現れる。順平と俊也は、昔は恋仲であったにもかかわらず、現在は気まずい雰囲気の譲治と利春の関係を修復することに成功する。マミが女の子を出産し、順平と俊也は赤ん坊に愛情を注ぐものの、実は赤ん坊の父親がマミの元カレであることが分かり、最終的に二人は赤ん坊を血縁上の母親と父親へと返すことを選択する。夕焼けに光る湘南の海を背景に、逆光で照らされた順平、俊也、マミと赤ん坊のシルエットが印象的なラストショットで第二作目は終わる。

第三作『ぼくらの瞬間』は、半径五〇〇メートルしか届かない原宿の地域ミニFM放送局「FMヤングマップ」が舞台である。主人公はDJのタカアキ（高橋一統）と若手衣装デザイナーのノリタケ（池田明瞳）で、性生活に奔放に生きるノリタケに対して、タカアキは密かに寄せている好意を隠している。ノリタケが働くブティックのデザイナーであるフルタテ（池島ゆたか）は妻と離婚し、一緒に暮らす娘のコユキ（遊佐亜由美）と良好な関係を保っている。フルタテは彼女の結婚に向けてウェディングドレスを制作中であったものの、父親に同性の恋人カズヨシ（佐藤靖）がいると知ったコユキは姿を消してしまう。フルタテとコユキの関係を修復し、また、フルタテとカズヨシの結婚を後押しするために、タカアキは「FMヤングマップ」の電波を最大限活用してノリタケと共に画策していく。上の世代の男性同性愛者たちが結婚という枠組みを選ぶ一方で、若い二人は結婚には憧れを抱いていない。本作の最後、ミニクーパーに乗った二人は「ぼくらの地図はまだ描き始めたばっかりだもんな」と道路を颯爽と突き進んでいく。同年代の楽曲をふんだんに使った清々しい青春音楽映画としても成立しうる作品である。

三作品とも共通して主人公たち以外にも男性同性愛者が登場し、若い世代と中年の世代との交流が描かれる。『ぼくらの時代』では、若い三郎にイロハを教える俊也が「俺たちの生活の全てを教えたんだ。もちろん僕たちの時代のやり方で。男同士の結びつきも」とナレーションで発するとき、俊也自身もより若い時分に上の世代の男性から色々な作法を学んでいたことが暗示される。続く二作と比べると、本作は三郎の肉体的若さを美とし、その美を年上の世代に対する魅力として価値づける印象が強い。その肉体的若さは、俊也を中心にさまざまな年齢の男たちをつぎつぎと魅了し、三郎はフェラチオやアナルセックスを楽しんでいく*16。一方で、第二作と第三作が描く同性間のセックスは同世代の者同士でのみ展開し、世代間の交流は同性愛者としての生き方や専門職の技術の継承、あるいは価値観の差異を言葉や行動で示すことによって達成される。

例えば、『ぼくらの瞬間』は結婚の選択肢に対する価値観の差異が世代間に見られる。フルタテからデザイン技術を学ぶノリタケが、フルタテとカズヨシの住まいで時々寝泊まりし、性的関係にあることが暗示される。フルタテはノリタケにとって憧れの存在であり、タカアキの言葉を借りれば、ノリタケは「互いに磨き合い、刺激し合って生きている証を感じている」フルタテとカズヨシという中年カップルの理想的な関係に惹かれているのだ。そんな二人が「いつまでも自由でいたいから」という理由で結婚を選ぶとき、ノリタケが苛立ちを隠せない様子は、「なんで結婚するんですか」と対角線上に配置されたカズヨシを問いただす彼の鋭い視線に表現される。そんなノリタケに対して、タカアキは「一生もの」の結婚を目指す二人の選択を尊重し、「俺たちもあの二人みたいにお互いに刺激し合いたいな」と正面からは伝えられないノリタケへの気持ちを零す。ノリタケとタカアキは、それぞれのやり方で中年カップルの結婚の実現に向けて奔走し、最終的にフルタテと娘の関係修復にも成功し、中年カップルの結婚を祝福する。一方で、「僕たちは〔結婚式へ〕行きません。僕らは僕らのやり方で思い出を残します。でもいつまでも輝いていてください」とタカアキが丁寧に伝え、二人を乗せた車が青空の下を走っていく映画の結末は、結婚という選択を性的指向に限らず恋人同士が目指すべき到達点として絶対視しない若い世代の姿勢を見出すことができるかもしれない。

薔薇族映画は現実社会の同性愛嫌悪から決して自由ではない。その事実は、『ぼくらの瞬間』で父親に同性の恋人がいると知ったコユキの態度に顕著に表れている。カズヨシが「そんなもんさ、社会のルールってもんは」と僅かに微笑みながら結婚の理由を問うノリタケに言うとき、その微かな笑みで嫌悪や差別を耐えしのいできたであろう時間と重さが浮かび上がる。カメラは画面中央に座るカズヨシをバストショットで鮮明に捉えつつ、「彼にもいつか分かる時が来るさ」と背後の椅子に座りタバコを吸うノリタケをオフフォーカスで映す。焦点深度の違いを引き起こす大きな要因は、フルタテがかつて異性婚を通じて子どもをもうけ、家庭を築くことができていた点にあると考えられる。『ぼくらの瞬間』はカズヨシの人生について全く触れないものの、(儀式的な)結婚を控えた中年カップルの間にすら存在する、ある種の分かり合えなさが焦点深度の違いによって表現されているのだ。

『ぼくらの瞬間』のフルタテが提示する同性愛者としての生き方の選択肢は、一九九〇年代以降の一般商業映画で反復されていく。例えば、一九九〇年代の「ゲイ・ブーム」期において公開された『おこげ』(中島丈博、一九九二年)、『きらきらひかる』(松岡錠司、一九九二年)、『二十才の微熱』(橋口亮輔、一九九三年)といった作品群は、異性婚を実践する男性同性愛者の姿を繰り返す。またゲイ・コミュニティにおいて老後が積極的に議論されるようになった二〇〇〇年代には、成人した娘が年老いた父親が同性愛者であると知る物語も『メゾン・ド・ヒミコ』(犬童一心、二〇〇五年)で描かれる。『ぼくらの瞬間』は、同時代に生きた中年以上の男性同性愛者たちの一部が選んでいたであろう異性婚を批判するのではなく、生存のための一選択肢として尊重する。同時に、異性婚をしていたフルタテが同性との結婚を目指す展開は、初期薔薇族映画による結婚の枠組みを揺るがす試みとしても解釈できるだろう。ただし興味深いのは、若い世代が年上の世代から受けた「欲望の教育」をそのまま実践し同じく結婚を求めるのではなく、自分たちの世代のやり方で同性愛者の生き方を刷新していく点だ*17。

次節では、三部作の中で最も人気の高い第二作『ぼくらの季節』が描く永遠に続く関係への欲望に着目する。

『ぼくらの季節』——子どもを育てること、永遠を誓うこと

『ぼくらの季節』が成し遂げた最大の功績は、男性同性愛者が誰かと一緒に年を重ねたいという欲望をスクリーンにエロスを伴った形で体現した点に見出される。『ぼくらの時代』では、三郎が「カリフォルニアの空みたく、男同士の恋愛ってカラッとしたものでしょう?」と尋ね、俊也を困らせる場面があるが、広木は三部作において基本的にカップル至上主義を貫く。そのような側面に対する批判も検討の余地があるものの、薔薇族映画の「幻の最高傑作」と呼ばれる三部作で最も名高い『ぼくらの季節』は、カップルが関係を永続させる欲望が最も顕著に表れる作品である。本節では、そのような欲望を若い世代と上の世代の比較で論じたい。

二〇一八年に逝去した大杉漣が出演した『ぼくらの季節』について、評論家の切通理作は次のような文章を寄せている。


ゲイカップルの日常をポップに描いた『ぼくらの季節』は、主人公の若者カップルの上の世代である、大杉たち世代の愛情のやり直しが描かれる。そして、ゲイでも家族を作れることが明るく肯定されていく。そう。「作られたもの」は未来では現実になり替わり得るのかもしれない。現在では主流となった。マジョリ

ティの価値観だけを絶対視しない共同体への模索を、既に指し示すことが出来ていた。[*18]

映画という虚構物である『ぼくらの季節』がかつて提示した家族を持ちたいと願う同性愛者のフィクショナルな欲望は、近代家族の形態をクィアする『ハッシュ!』（橋口亮輔、二〇〇一年）を経て、『his』（今泉力哉、二〇二〇年）によって実現可能な選択肢として具体性を増してきている[*19]。切通が指摘するように、ここで重要なのは、『ぼくらの季節』が一九八三年公開時点で異性愛規範的な家族観に亀裂を入れていた革新性である。子育ての役割に関するジェンダーバイアスの強さは否めないものの[*20]、同時代の一般商業映画が決して描くことのなかった同性間の家族形成や子育てに対する欲望を具現化させた点において、薔薇族映画が男性同性愛者のアイデンティティやセクシュアリティを肯定した可能性を見過ごすことはできない。特に、『ぼくらの季節』に対する評価の高さは、多くの観客が、誰かと一緒に老い家族として生きていく欲望に自己同一化し、若い世代と年上の世代の姿に自分たちの過去・現在・未来を重ね合わせていた可能性を示唆する。

子育てに対する俊也の欲望は異性愛家族を見る行為によって表出する。マミを病院へ送った帰り道、順平の運転する車が信号前で止まると、子連れの若い夫婦が横断歩道を渡る。順平と俊也の肩越しのショットがフロントガラス越しに横断歩道を画面後景で捉えている。横断歩道を渡ろうとする人影が画面右側から現れると、ロングショットで家族を捉え、母親らしき女性と女の子が画面前景に向かって手を振る。再び肩越しのショットへ切り替わり、俊也が家族へ向かって手を振り返し、「可愛いな」と零す。「うん」と順平も俊也に合わせて返すものの、バックミラーに映る順平はサングラスをしており、その真意は分からない。フロントガラスは、まるでホームドラマの一場面を映す映画館のスクリーンとして機能し、観客席（助手席）に座る俊也にとって届かぬ欲望である「子どもを提示するのだ。車外からフロントガラス越しに二人を映すミディアム・クロースアップにおいて、「どうして男同士だと子どもができないんだろうな」と俊也は続け、「お前熱でもあるんじゃ」と笑う順平は俊也の真剣な表情に気づき、サングラスを外し無言で運転を続ける。愛し合う二人が向かう先には子育てという選択肢が存在しないことを、スクリーンを見つめる観客もまた静かに考える場面であったと考えられる。

本作は、順平と俊也が軽快に読む「―― INPOSSIBLE DREAM ――ぼくらの季節」というタイトル画面で始まる。これは日本語で「インポ」と略される「性交不能な（impotent）」と「不可能な（impossible）」を音響的にかけた言葉遊びであり、その音は明らかに「叶えられない夢（impossible dream）」を連想させる。その言葉遊びによって暗示される不可能性を見る行為を通じて、本作の男性同性愛者たちはそれぞれの「叶えられない夢」を欲望する。フロントガラス越しに見た家族像は、若い世代にとっては子育てという「叶えられない夢」を提示した。一方、若い二人のパトロンである「オヤジ」相田と「パパ」進藤という父親世代にとっては、永遠の愛を誓うことが「叶えられない夢」であった。二人は犬猿の仲のように描かれるが、若い頃に二人で撮って別れる際に半分に引きちぎったモノクロ写真をそれぞれが大事に持っている。写真という静止媒体でのみ残された二人の記憶は、退色したフラッシュバックによって動く映像として具現化されるものの、進藤が言う通り、「割れたコップは割れたまま」なのだ。しかし、二人の関係を修復しようと若い世代が誘い出す野外劇場を契機に変化が表れる。愛の絆を信じないと去ろうとする相田を引き止め、若い二人は舞台上で本作初のキスをする。二人のキスを見つめる相田と進藤をバストショットでそれぞれ捉えた後、ロングショットが観客席を含めた野外劇場全体を映す。「二人がなんて言ったって、僕は死ぬまで順平を愛していきます。男同士の間にだって永遠はあるんだ。確かに、二人とも若くて美しかった。けど、若さは永遠じゃない。僕らだって年をとる」と俊也が舞台上から訴えかける。父親世代が舞台上に目にするのは、二人がすでに失った若さであり、また永遠の愛を誓うという、若かりし日の二人にとっては「叶えられない夢」がそこにある。

しかし、かつての「叶えられない夢」は長い時を経て現実のものとなる。野外劇場を去った父親世代はバーで鉢合わせ、ホテルへ向かう。順平と俊也が「いい男になった」と褒める進藤に対して、相田は「お互いの教養の賜物だよ」と返す。二人による若い世代への教育は、薔薇族映画という視覚メディアの登場以前に実践された「欲望の教育」であり、父親世代はその教育の結果を野外劇場で見つめることで欲望を学び、改めてお互いを愛し始める。「昔を思い出すね」と裸体を重ね合い、「昔のままだ」と指や舌で互いの体を感じていく。騎乗位で繋がる二人の身体は間接照明で演出された部屋の中で揺れ動き、カメラは二人が絡み合うベッドから左の方向へゆっくりと移動し、卓上に置かれた二枚の破れた写真をクロースアップで映す。「ぼくら」三部作では射精の瞬間は決して視覚的に描かれることはなく、射精は男たちの高まる喘ぎ声によって表現され、本場面も例外ではない[*21]。だが、破れた写真に音響的に重ねられるのは、進藤に体内へ射精するのを懇願する相田の音声であり、破れた写真はアナルセックスによる身体の結合と、中出しされる精子の粘つきによって比喩的に修復される。

二人の関係の修復を知らせる電報は、マミに出産を促し、若い世代はめでたく赤ん坊を迎えることで、「叶えられない夢」は実現するように見える。しかし現実は残酷で、マミが産んだ子どもの血縁的な父親が現れ、進藤は「子どものためにも、本当の親に育てられるのが一番いいと思うしね」と血縁上の絆を優先する。父親たちは、子どもを作りたいという若い順平と俊也の欲望を否定しない。けれども、子育ての機会を失うこと、特に俊也からその機会を奪ってしまうことを悔しがる順平に対して、相田は二人が悲観的になる必要はないと次のように説く。

僕らには順平、俊也君と言う素晴らしい息子がいる。君たちにもやがて、息子ができていくんだ。その時、僕たちと同じように、その息子たちを愛することができる。人間は生まれて、大きくなって、年老いて死ぬんだ。一度の人生だ。しかしな、人間の愛だけは永遠に受け継がれていく。お前たちもいつかわかる時がくる。なあ順平。

愛を世代間で受け継いでいくこと、それが父親世代の同性愛者にとっての子育てであった*22。このような言葉は、それぞれがかつて育てた若い新しい世代による「欲望の教育」を目の当たりにすることによって、父親世代が再認識した欲望の形であるとも言える。世代を超えた愛の継承は聞こえは良いが、若い二人にとっては説得力に欠ける。なぜなら、血縁関係はなくとも、順平と俊也の腕の中には実存としての赤ん坊が存在するからだ。赤ん坊が寝るときは腕枕を喜び、風呂の入れ方を覚え、また泣き声によって要求が異なることを知っている。想像物ではない、匂い、体温、重さ、鼓動を感じる存在として、順平と俊也は赤ん坊を育ててきた。しかし、二人は赤ん坊をマミへ戻すことを決心する。

『ぼくたちの季節』は男性同性愛者がカップルとして血縁関係はなくとも子どもを育てるという夢を将来へと託した。映画の最後、赤ん坊を抱いて湘南の海へ電車で向かう俊也を車で順平とマミが追う場面において流れるのが佐野元春の〈SOMEDAY〉(一九八一年)である。「夜のフラッシュライト浴びながら/時の流れも感じないまま/窓辺にもたれ夢のひとつひとつを/消してゆくのはつらいけど/若すぎて何だか/分からなかったことが/リアルに感じてしまうこの頃さ」という歌詞が流れる間、江ノ電の窓辺に赤ん坊と一緒に立つ俊也は、電車と並行して進む車から両手を振るマミと順平を見つける。佐野の〈SOMEDAY〉は、マミを含めた三人の若者たちが若さや性的指向などを理由にたくさんの夢を諦め生きてきたであろうことを観客に推察させるだろう。サーファーが波と戯れる夕焼けの海を背景に、青春映画的な雰囲気が漂う『ぼくらの季節』の結末は、子育てという経験を「叶えられない夢」として男性同性愛者たちが諦めるのではなく、「いつか(someday)叶えられる夢」として希望を持たせている。だからこそ、「幻の最高傑作」として薔薇族映画の歴史に残っているのだ。

男性同性愛者の若さと老い

本章は、一九八二年から本格的に興行が始動した薔薇族映画という成人映画のサブジャンルに注目し、特に広木隆一の「ぼくら」三部作が描く「欲望の教育」にみる世代間の価値観の継承と差異を分析することで、初期薔薇族映画が同時に描いた若さと老いの諸相を明らかにした。「幻の最高傑作」として、「ぼくら」三部作は後続する薔薇族映画の作品群に大きな影響を与えていると考えられる。最も顕著な影響は、薔薇族映画において男性同性愛者が若い世代とより年上の世代を描く作品群をへだてなく製作していく点に見出せるだろう。拙論で指摘したように、特に『ぼくらの季節』が扱う家族のテーマは、池島ゆたかの『こんな、ふたり』(一九九七年)で差異を伴って反復される[*23]。また、一九九七年公開のオムニバス薔薇族映画『不思議の国のゲイたち』(伊藤清美、ソルボンヌK子、五代暁子)第三話は、一九九四年に高齢社会に突入した日本の老人介護をテーマに、寝たきりの男性同性愛者の老人と若いノンケの介護士の一度きりの性行為を描く。少なくとも一九九〇年代から二〇〇〇年代半ばまでの一般商業映画は、男性同性愛者が老いに対して抱える課題を描いていたが、薔薇族映画はより先駆的かつ具体的な問題として老いのテーマを取り扱った。

日本映画史における男性同性愛者の表象を語る際、薔薇族映画への言及なしにその歴史は完成されることはない。薔薇族映画をポルノ的要素のみで排除することは、特に一九八〇年代から一九九〇年代を生きた男性同性愛者たちの経験や記憶を存在しなかったものとしてしまうだろう。たとえ薔薇族映画のほとんどが異性愛者によって撮影され、演じられた成人映画のサブジャンルだとしても、そこで描かれた情愛の豊かさやエロティックな関係は、同時代の男性同性愛者たちにとっての「欲望の教育」と呼びうる力を持ち、また、誰かとの「いつか」や「永遠」を夢見るための想像力の源泉となっていたと信じたい。

※本研究は科研費（19H01226）および（20K12898）の助成を受けたものである。

注

＊1　「ホンモノおみせします！」『週刊平凡』二四（四四）号、一九八二年。『薔薇族』一九八一年一一月号の巻頭および巻末には、『薔薇と海と太陽と』撮影時のスチール写真が沢山紹介されている。本作は上映に先立ちビデオリリースが予定されていたため、ビデオデッキを所有していない読者のために写真が用いられた。一般家庭へのＶＨＳ導入に向けた過渡期にみられた興味深い事例である。

＊2　薔薇族映画の「薔薇族」は、一九七一年に創刊された男性同性愛者向け商業雑誌『薔薇族』から取ったものである。『薔薇族』編集長の伊藤文學は薔薇族映画の立ち上げにも関わっていた。

＊3　石原郁子『異才の人 木下惠介 弱い男たちの美しさを中心に』パンドラ、一九九九年、二二七頁。

＊4　振る舞いや言動に慣習的かつ屈強な男性性を特徴とする男性登場人物とは異なり、振る舞いや言動に視覚的・聴覚的な柔らかさや脆さを特徴とする男性登場人物は、映画研究において一般的にシシー・キャラクターとしてカテゴリー化されてきた。ヴィト・ルッソの *The Celluloid Closet : Homosexuality in the Movies*（一九八一年、一九八七年）の刊行以降、シシー・キャラクターは、特に一九二〇年代から一九三〇年代のハリウッド映画、つまりサイレント映画からトーキー映画への移行期を対象としたクィア映画研究において、男性同性愛を暗示する記号として認識されてきた。それは遅くとも *Algie the Miner*（エドワード・ウォーレン、ハリー・シェンク、アリス・ギィ、一九一二年）からその一片は確認されている。近年の研究は、ルッソの研究を問い直す形で、戦前のハリウッド映画における男性の性的指向やマスキュリニティの変化を検証するための重要な役割としてシシー・キャラクターに再注目しているものもある。Brown, Shane. *Queer Sexualities in Early Film : Cinema and Male-Intimacy*. London : I. B. Tauris, 2016.

日本映画におけるシシー・キャラクター（あるいはそれと役割を共有する存在）の変遷に関するまとまった研究は残念なが

ら現時点では存在しない。『自由学校』において佐田啓二が演じるシシー・キャラクターについては、久保豊「『渋ジイ』が描く女性の老い――『もず』の淡島千景を代表例に」志村三代子・角尾宣信編『渋谷実　巨匠にして異端』（水声社、二〇二〇年）、二八四―二八七頁を参照されたい。

＊5　映倫管理委員会『映画倫理規定　附　映倫管理委員長覚え書　審査上の具体的了解事項』一九五九年、九頁。

＊6　高橋俊夫「日本映画の他者、ドナルド・リチー――占領下における反＝啓蒙者の肖像」西嶋憲生編『映像表現のオルタナティブ――1960年代の逸脱と想像』森話社、二〇〇五年、二九九―三二四頁などを参照されたい。

＊7　映倫管理委員会、九頁。

＊8　久保豊「毒々しく咲く薔薇の政治性――一九八〇年代の小林悟作品に見るＨＩＶ／エイズに対するスティグマの可視化と無縁化」『演劇研究』第四三号、二〇二〇年、八五―八七頁。

＊9　Dyer, Richard. “Male Gay Porn: Coming to Terms.” *Jump Cut*, No. 30, March 1985 : 2005. https://www.ejumpcut.org/archive/onlinessays/JC30folder/GayPornDyer.html（二〇二一年九月二一日最終閲覧）

＊10　Dyer, 1985 : 2005.

＊11　Escoffier, Jeffrey. “Introduction.” *Bigger Than Life : The History of Gay Porn Cinema from Beefcake to Hardcore*. Philadelphia and London: Running Press, 2009, p. 6.

＊12　Escoffier, pp. 6-7.

＊13　「ぼくら」三部作に焦点を当てる本章では、現在の表記である「廣木」ではなく、三部作製作時に採用されていた「広木」で統一する。

＊14　広木の回想によれば、監督デビューしたものの上手くいかず、脚本を書いたり、助監督をして過ごしていた時に舞い込んできた話が薔薇族映画の製作であった。廣木隆一・聞き手佐々木敦「FLEXIBLE SUMMER」『銀星倶楽部19　桃色映画天国1980―1992』ペヨトル工房、一九九四年、六一―六二頁。

＊15　林田義行「フィルモグラフィ　ＰＩＮＫ　ＭＥＭＯＲＩＡＬ　1980‐1994」『銀星倶楽部19　桃色映画天国1980‐1992』、一七〇頁。

＊16　薔薇族映画の多くは、ピンク映画の撮影に関わってきた製作スタッフが関わっていることが多かった。五分から一〇分に一度濡れ場シーンを挿入するというピンク映画の制約からは基本的に自由であったものの、多くの薔薇族映画が六〇分ほどの上映時間の間に平均して四、五回のセックス場面が描かれる。

＊17　本書第6章の前川直哉論文は『薔薇族』への読者投稿の分析から、家族を持つ欲望、結婚への重圧、老いに対する不安を男性同性愛者の読者たちがすでに一九七〇年代から誌上で共有していたことを明らかにする。また、前川論文は『二十才の微熱』（一九九三年）に登場する既婚の男性同性愛者の姿を社会史的な文脈で読み解くことで『結婚しつつ、妻や子に内緒で男性とセックスする』というライフスタイルは、当時の大半のゲイ男性にとって現実的に最も多くのものを得られる選択肢」であったことを詳述する（九六頁）。広木の「ぼくら」三部作に登場する既婚の中年男性たちは、前川論文が指摘するこれらの社会的文脈と合致する状況にあったと考えられる。さらに薔薇族映画は、『薔薇族』も親しんでいたであろう（既婚の）観客にとっては、結婚を選択した自分たちが重ねられる人物たちの姿だけでなく、結婚の選択肢に縛られない新しい若い世代の登場を予感させてくれる映画であったのかもしれない。

＊18　切通理作「ピンク映画に『大杉漣』が居た時代」『文藝別冊　大杉漣』河出書房新社、二〇二〇年、八八頁。

＊19　『ハッシュ！』が提示するオルタナティヴな家族形態については前川論文に詳しい。また、河口和也『クイア・スタディーズ』（岩波書店、二〇〇三年）の「クイア化する『家族』」（六七―九三頁）も『ハッシュ！』公開から早い段階で本作の意義を見出した論考として必読である。

＊20　例えば、アナルセックスにおいて挿入する順平が父親で、挿入される俊也が母親という構図は、男女間における役割を無批判に踏襲したものである。

＊21　ポルノグラフィ研究において、ペニスから射精される瞬間、あるいはセックスの相手の顔・胸・尻といった身体へ精子（のような液体）が飛び散る瞬間を捉えたショットはカムショット（a cum shot）と呼ばれる。マネーショット（a money shot）ともときに呼ばれるカムショットは異性愛者向けのポルノグラフィにおいて中心的な視覚要素の一つであり、それは物語自体のクライマックスも示唆する。日活ロマンポルノと同様に一作品中に複数挿入されるセックス・シーンが特徴の薔薇族映画においても、カムショットは重要な視覚的要素である。薔薇族映画におけるカムショットの役割については今後の研究に期待したい。ポルノグラフィ研究におけるカムショットについて、その視覚的意味や製作の側面から分析した重要な文献として以下の二つが挙げられる。Williams, Linda. *Hard Core : Power, Pleasure, and the "Frenzy of the Visible."* Berkeley: University of California Press, 1989. Mills, Jane. *The Money Shot : Cinema, Sin, and Censorship.* Annandale: Pluto Press, 2001.

＊22　前川論文は『薔薇族』一九七一年、一九八一年、一九九一年それぞれ一一月号の文通欄にみる「男性家族メタファー」を考察しており、一九七一年と一九八一年の『薔薇族』文通欄には「息子」という言葉が若い同性相手に対する呼びかけとして採

用されていたことを明らかにする。『ぼくらの季節』で年上の世代が若い世代を「息子」と呼ぶのは、擬似家族的な関係性における愛情の象徴だけでなく、同時代の男性同性愛者たちが実際に用いていた言葉であったことが分かる。それはある意味で「欲望の教育」として世代の異なる男性同性愛者たちの間で引き継がれてきた愛情の証でもあったことが推察できる。

＊23　久保、二〇二〇年、八六―八七頁。

第8章

スクリーニング／アウト・ディスアビリティ

障害学とクィア・シネマ

井芹真紀子

クィア／フェミニスト映画とディスアビリティの表象

ヴィト・ルッソによる同名の著作[*1]を原作とするドキュメンタリー映画『セルロイド・クローゼット』（ロブ・エプスタイン／ジェフリー・フリードマン、一九九五年）は、次のようなナレーションから始まる。

一〇〇年間にわたる映画の歴史のなかで、同性愛が描かれることはほとんどなかった。スクリーン上に現われるときも、それは嘲笑や哀れみの対象であり、恐怖すべきものですらあった。けれどもこれらの束の間のイメージは、忘れ難く、朽ちることのない遺産を残したのである。

冒頭のこの一節は、ハリウッド映画における異性愛規範と同性愛嫌悪[*2]の構造、そしてクローゼットの暴力性を明らかにするとともに、それらの強制力に「逆らう」視線の存在——あるいは「クィアな読み」の実践——を提示したこの映画の要約とも言えるだろう。こうした文化表象をめぐる問題は、ディスアビリティ・スタディーズにおいても重要な論点となってきた。映画やテレビ、文学作品などのドミナントな文化表象のなかで、障害者もまた嘲笑や哀れみ、恐怖の対象として徴づけられてきた歴史を持ち、それらがお決まりのイメージとして原型化し流通することによって、「現実の」障害者の生を脅かしてきたからである。だが他方で、ステレオタイプ化された障害者表象を検証する中で、ディスアビリティ・スタディーズの理論家たちは前述の一節とは一見正反対にも思われる次のような問題に向き合ってきた。

> ……二つ目の驚くべき事実は、ディスアビリティの遍在を、そして障害をもつ登場人物があちこちに存在していることを、いかに私たちが見落としているかという点である。［中略］なぜテレビや映画はこれほど頻繁に障害のある登場人物を私たちの目の前に映し出す（screen）のか、またそのようなイメージを浴びながらも、なぜ私たちは多くの場合、かれらを自らの意識からふるい落として（screen out）しまうのか？[*3]

ポール・K・ロングモアのこの一連の問いかけは、主流の映画やテレビドラマにおいて障害者が、「犯罪者」や「モンスター」、「悲劇的な犠牲者」といった極めて限定的かつネガティヴなイメージとして表象されてきたことを問題化する論文の冒頭で提示される。映画版『セルロイド・クローゼット』が「束の間の」、しかしだからこそ「忘れ難い」イメージを語ったのに対し、ロングモアはディスアビリティの表象がこれほどまでに溢れているにもかかわらず「見落と」され、意識から「ふるい落と」されてきたという逆説を出発点として、ステレオタイプ化の暴力とその背後にある構造化された健常主義を考えようとしたのである。

もちろん、ここでロングモアの記述を引き合いに出したのは、単にディスアビリティの表象をめぐる問題をクィアのそれと対立させ、両者が全く異なるものであると主張するためではない。斉藤綾子が端的に述べるように、フェミニスト映画批評はその当初から「表象されることによって女性は不可視になっているという矛盾した現象」[*4]を問題化してきたし、クィア映画批評もまた、可視と不可視、存在と不在の認識論的構造に注目するとともに、「不可視の可視化だけを問題にするのではなく、可視と不可視の同時性、可視と不可視の関係を逆転する情動や欲望の関わり」[*5]に可能性を見出してきたのだから。むしろ本章が改めて注目したいのは、ディスアビリティの文化表象とほかのマイノリティ表象の産出メカニズムとその効果における構造的類似性、そして「逸脱的身体」の表象における、ディスアビリティとジェンダー、セクシュアリティ、人種、民族、階級などのさまざまな差異の不可分な重なり合いそれ自体が、どのように機能してきたかという問題である。

限定的・差別的なディスアビリティ表象の遍在が、現実の障害者の社会的不可視化をもたらすだけでなく、表象のレベルにおいても見落とされ、忘却されてきた構造に目をむけるとき、フェミニズム／クィア・スタディーズ「と」ディスアビリティ・スタディーズ双方の視点から文化表象を考えるという作業はそれほど単純でも容易でもないことがわかるだろう。ディスアビリティは——少なくともあるレベルにおいては——、ジェンダーやセクシュアリティと同様に徴づけられ、透明な規範的・特権的身体の構成的外部として周縁化されるマイノリティ・カテゴリーであると同時に、しばしばほかのマイノリティの差異に付与される他者性や周縁性を示す比喩や形象として読まれることで、映画研究を含む学術的言説においても、長い間議論の俎上にあげられることなく遠ざけられてきたからである。

本章では、現代の主流映画におけるマイノリティ表象の可視化／不可視化をめぐる問題を、とりわけディスアビリティ・スタディーズの視点から再検討するにあたって、アクション映画『マッドマックス　怒りのデスロード』（ジョージ・ミラー、二〇一五年）を取り上げる。この作品はロングモアが指摘した逆説を、強く示唆するものである――すなわち、これほどまでに溢れているディスアビリティの表象をわれわれが見過ごしてしまう、あるいは視るべき／記憶すべき表象を「ふるいにかけて《スクリーン・》選別する《アウト》」構造そのものを、明らかにする必要があるということを。

「スーパーヒューマン」表象と美的イメージ

まずは『マッドマックス　怒りのデスロード』（*Mad Max : Fury Road* 以下、*FR*）という映画がどのような社会状況の中で公開・受容されたのかを簡単に確認しておきたい。九〇年代以降、ゲイ・カルチャーの主流化・商業化やポップ・カルチャーにおけるポストフェミニズムの台頭といった文化現象について、さまざまな角度から批判的考察がなされてきた[*6]。「ダイバーシティ&インクルージョン」が世界的な「バズワード」となり、さまざまなマイノリティの可視化とその「ポジティブな」イメージが主流メディアで注目を集める社会的潮流のなかで、障害者のイメージもまたそれまでとは異なる意味を付与されて「多様性」言説に組み込まれてきた。とりわけ、「新しい」ディスアビリティ表象が産み出された契機として看過できないのは、二〇一二年のロンドン・パラリンピックである。

ロンドン・パラリンピックの放映権を獲得した英国の国営放送局「チャンネル4」が大々的に打ち出した「超人たちを目撃せよ（Meet the Superhumans）」キャンペーンは、世界的にも大きな話題と称賛を集めた。パラリンピック・アスリートたちを「スーパーヒューマン」として映し出す一分三〇秒のCM[*7]は、真っ直ぐカメラに視線を向ける選手たちの挑発的で力強いイメージを多用しながら、「障害《ディスアビリティ》を超えたところにある能力《アビリティ》」[*8]という物語のなかでスペクタクル化された「異なる」身体へと繰り返し視聴者の目線を誘導する。

障害者スポーツだけでなく、「障がい全般に対する認識や態度を変えてもらいたい」[*9]という制作意図のもとで作り出された「全く新しい障害者像」によってこのCMは世界的に注目され、「スーパーヒューマン」というコンセプトが高い評価を得た[*10]。二〇一二年大会で南アフリカ共和国代表のオスカー・ピストリウスが両足義足の陸上選手として初めてオリンピックに出場し、「ブレード・ランナー」と呼ばれ話題となったこともあり、ときに健常者を「超える」能力をもつ、強く魅力的な「障害者」イメージが、斬新なものとして主流社会に広く受け止められるようになる。とりわけカーボンファイバー製の競技用義足を着用した陸上選手たちは、「スーパーヒューマン」というこの新たなディスアビリティ表象における美的側面を代表する象徴的存在となっていく。

「スーパーヒューマン」のイメージは、ロンドン・パラリンピックというひとつのイベントを超えて、その後の主流映画の制作や受容においても大きな影響を与えてきた。もっともそれが顕著に表れたのは、スパイ・アクション映画『キングスマン』(マシュー・ヴォーン、二〇一四年)だろう。コリン・ファースやマイケル・ケインら演じる主人公、諜報機関「キングスマン」のエージェントたちが対決する敵役のガゼル(ソフィア・ブテラ)は、文字通りブレード(刃)でできた両足の義足を使って戦う超人的な身体能力を持つ女性の殺し屋である。インタビューでヴォーン監督は、自身がテレビで見た「ブレード・ランナーたち」にすっかり魅了され、このキャラクターに当初オスカー・ピストリウスをキャスティングしようと考えていたことを明かしている[*11]。その後、この役に女性俳優を起用することが考案され、「本当に両足義足をもつ素晴しい女性をキャスティングした」(強調は引用者)ものの、その女性が辞退したためにソフィア・ブテラがガゼルを演じることとなったのである。

その翌年に公開された*FR*もまた、「スーパーヒューマン」というコンセプトを通じて再設定された「義肢(prosthesis)」の美的イメージと無縁ではない。*FR*は九〇年代末からの長い構想期間と中断とを経て制作された作品であり、主人公のフュリオサ(シャーリーズ・セロン)の左腕の義手のデザインについてスーパーヒューマン表象が『キングスマン』のように直接的に映画の構想段階で影響したのかは明らかではない。しかし、後述するように、義手を持つ女性戦士フュリオサの身体描写とその受容は、明らかに「スーパーヒューマン」表象と同様の特性を備えている。

*FR*のフェミニスト・ナラティヴと越境的身体

とはいえ、*FR*が公開されたときまず観客たちを驚かせたのは、その「フェミニスト的」ナラティヴだったというべきだろう。この映画の物語を駆動する英雄は、『マッドマックス』シリーズの主人公マックス(トム・ハーディ)ではなく、フュリオサ大隊長である。家父長制と資本主義の搾取構造を体現するヴィラン、イモータン・ジョー(ヒュー・キース＝バーン)にフュリオサが反旗を翻し、性奴隷として監禁されていた「ワイヴズ」や「鉄馬の女たち」と呼ばれる女性戦士たちとともにジョーを倒し、彼の独裁支配下にあったシタデルの砦に正義を取り戻す物語は、「最も強烈に男性的なジャンルのひとつであるポストアポカリプス・アクション映画のフェミニスト的書き換え」*12として受容され多くの称賛を得た。さらに、テイラー・ボルウェアの指摘するように、そのナラティヴの大部分が台詞ではなく衣装やメイク、小道具などの演出によって視覚的に構築されているというのも、この映画の特筆すべき特徴である*13。女性の主要登場人物たちは、明確に抵抗や変革をもたらす知とのつながりにおいて描かれているのである*14。

この「フェミニスト的」ナラティヴが進行する中で、繰り返し前景化されるのはモノと人間の境界線という問題である。「家父長制的男性性と資本主義的搾取の不可分な結びつき」*15を体現するイモータン・ジョーの暴力性——あるいはその怪物性——は、限られた資源の占有だけでなく人間の身体をも物象化し、モノ＝所有物として支配・搾取することにある。劇中で反復される「わたしたちはモノじゃない（WE ARE NOT THINGS）」という宣言が象徴するように、映画前半でのフュリオサたちの逃亡劇は、ジョーによって奪われた自らの人間性を回復するために遂行される。

アナメイ・ドゥエインはこのナラティヴに、二〇世紀初頭の「白人奴隷（White Slavery）」をめぐる言説で展開されたレトリックとの近接性を指摘しつつ、同時にその限界を超える可能性を*FR*に見出している[*16]。反人身売買の活動家イヴ・エンスラーをコンサルタントに迎え制作されたこの作品が映し出す、暴力的に物象化された諸身体――搾乳機につながれた女性たちや「輸血袋」として拘束されるマックス――の描写は、奴隷制の悪を「力づくで人間をモノへと変えてしまうその能力」[*17]に位置づけ、「身体と機械、人間と市場の間にある神聖不可侵の境界線」[*18]を強調する反奴隷制のレトリックに多くを拠り、それらを強化しているとドゥエインは述べる。だが同時に、そのような境界線が達成不可能な幻想であるということをフュリオサたちは突きつけられる。彼女たちがモノではなく人間として生きることを可能にするはずだった「緑の地（The Green Place of Many Mothers）」は、土壌汚染によりすでに失われてしまっているからだ。したがって、*FR*とは、侵すことのできない境界線をもつ純粋な人間身体という発想を理想化するのではなくむしろ問題化する作品なのだ、とドゥエインは主張する。

おそらくこの映画が示唆しているのは、血とガソリン、乳と機械の境界線を再び主張することではなく、それらの間の居心地の悪い同等性をわたしたちがようやく認識することに答えがあるということだ。外界のモノから自分がどういうわけか切り離されている［中略］かのように振る舞うことは、その不可侵性の幻想がもたらす暴力を見えなくしてしまうのである。[*19]

ここで身体／モノという区分の不可能性を示す例としてドゥエインが真っ先に言及するのは、フュリオサの義手である[*20]。実際、*FR*をフェミニスト映画として分析する論考の多くが、フュリオサの身体とダナ・ハラウェイのサイボーグ概念を結びつけて論じている。フュリオサの義肢の身体は、家父長制的資本主義による物象化の産物でありながら同時にそれに対抗するフェミニスト・サイボーグの表象であり、この映画が繰り返し映し出す、自然／テクノロジー、生体／機械、男性性／女性性といった二元論的境界を横断する「美的なハイブリッド」[*21]の象徴なのだ、と[*22]。

「語りの補綴」と取り除かれる身体

しかし*FR*において描かれるディスアビリティの表象は、フュリオサだけではない。核戦争と環境汚染によって荒廃したこの世界では、ほとんどの登場人物が何らかの障害や病とともに生きている。マイケル・ギルが指摘するように、『マッドマックス』シリーズのなかでも、*FR*の世界はとりわけ「無力化され傷ついた身体（disabled and impaired bodies）が可視的な表象となる、緩慢な暴力と死の極致」[*23]として描かれており、まさに「ディスアビリティに溢れた」[*24]作品なのである。ギルはディスアビリティ・ジャスティスの視点から、暴力と不公正により荒廃した世界で、それでもなお存在し抵抗し続ける障害のある身体の痕跡を*FR*に読み取ろうとする[*25]。

健常主義的なイマジネーションにおいて、ディスアビリティは荒廃した世界の「徴候《サイン》」となる。しかし、その同じ障害をもつ身体が、どういうわけか世界を「救う」かもしれないのだ——もし世界が救い得るものであるならば。[*26]

たしかに *FR* はディスアビリティと病の表象に溢れた作品である。だがそれらの身体は、ギルが述べるような「同じ障害をもつ身体」ではない。この映画のナラティヴを駆動するのはいくつかの差別化されたディスアビリティの表象――「世界を救う」身体と「世界を殺す」身体――であることに、わたしたちは注意を向けるべきだろう。そしてそのナラティヴが――前述のドゥエインの読みとは反対に――「汚染」を免れた「自然な身体」に未来が約束される結末へと行き着くまでに、どの身体が「スクリーン・アウト」されるのかということに。

ロングモアが指摘したディスアビリティ表象の遍在と排除のメカニズムを、デイヴィッド・ミッチェルとシャロン・スナイダーは物語理論として発展させ、文学作品に頻出するディスアビリティの形象が、語りそのものに推進力を与える装置として機能していることを明らかにした[*27]。物語の中でディスアビリティの形象は、規範という無徴の背景から特定の登場人物を浮かび上がらせ、その逸脱性の「起源」を解き明かす動機を与えることで語りを動かす装置となるとともに、社会や個人の「崩壊」を象徴する比喩としても機能してきたのである。ミッチェルとスナイダーが「語りの補綴（narrative prosthesis）」と呼ぶ、このような二重の「ディスアビリティへの絶え間ない言説的依存」[*28]は、文学作品に限らず、さまざまな映画作品において見出すことができる。ただし多くの場合、それらの物語の中で「社会的な、生きられた現象としてのディスアビリティの経験」[*29]が描かれることはない。

語りの補綴という我々の概念は、この特定の認識から発展したものだ。すなわちナラティヴとは、ある社会的コンテクストにおいて不適切なものとして徴づけられる逸脱性を、解決あるいは修正する――デイヴィッド・ウィルズの用語でいうところの「補綴する（prostheticize）」――ために生まれるのである。*30 つまり、ディスアビリティの形象が物語の補綴器具となり、語りそれ自体を可能にしているにもかかわらず、「治癒」あるいは「根絶」を通じたディスアビリティの消去によって、その物語は「解決」を迎える*31。

*FR*の物語において、「世界を救う」役割を担うのはもちろん、家父長制に立ち向かう女性の登場人物たち、とりわけフュリオサである。女性の主要登場人物のなかで唯一、可視的なディスアビリティの形象である彼女の義手からは、しかしながら、損傷の理由を明らかにする語りも、感動的な克服の物語も引き出されることはない。フェリオサが初めて義手を外した状態で登場するシーンでは、欠損した左腕でマックスを殴りつけ、互角の格闘を繰り広げる姿が映し出される。つまり、この物語の中でフュリオサの左腕は欠如の位置を占めるものではなく、また彼女の義手も「欠如を補う人工物」という役割を与えられていないのだ。むしろフュリオサの身体を通して前景化されるのは、克服の物語を必要としないその「スーパーヒューマン」的な強靭性である*32。チア・ウェイ・ファーンが述べる通り、フュリオサの身体描写は一貫して「弱く脆い障害者像という規範を覆し、観客の注意を障害《ディスアビリティ》ではなく能力《アビリティ》に引きつける」*33ものであり、彼女の強さと存在が義手に依存するものではないことを確認するように、義手のない姿でフュリオサがシタデルに帰還することによって物語は大団円を迎える*34。

　このようなフュリオサの身体の対極に位置づけられているのが、この物語のヴィラン、イモータン・ジョーである。スクリーンに初めて現われるときから、イモータン・ジョーの身体は明確に病み、深刻な機能損傷《インペアメント》を抱えたものとして徴づけられている。皮膚病によりただれた後ろ姿は肩で息をしており、苦しそうな呼吸音が重ねられる。自らの手で頭蓋骨型のマスクを装着して初めてジョーは深く息を吸い、それが呼吸装置であるということが強調される。「怖ろしい〝死の神〟を思わせる」*35ジョーの呼吸マスクは、彼の病む身体という「グロテスク」

なディスアビリティの形象を、「彼の怪物性と悪役の様式化」*36――すなわち家父長制的資本主義の暴力の比喩――へと、効果的に置換する。したがって、物語の中で「わたしたちはモノじゃない」という宣言と対置的に反復される「誰が世界を殺したのか？（WHO KILLED THE WORLD ?）という問いの答えは、ボルウェアが述べるように「極めて明白」である――世界を殺したのは「イモータン・ジョー、そして彼が表象するすべてのもの」なのだ*37。

*FR*の荒廃した世界に広がる「汚染」をめぐる語りもまた、ジョーの病む身体を「世界を殺す」恐怖の象徴として作り上げる重要な役割を担っている。ミラー監督と脚本を共同執筆したブレンダン・マッカーシーのインタビューをもとに、アビー・バーンスタインはジョーの人物設定について以下のように述べる。

> イモータン・ジョーは諸悪の元凶として創造された。しかし、彼の目的は完全に言語道断なものとは言い切れない。環境汚染が原因で、人類の大多数は癌で死にかけている。イモータンは現在の遺伝子崩壊から人類を救おうとしている。ただし彼はそれを、自分自身のすでに病んでいる血を後世に残すことで成し遂げようとする。そして、そのためなら暴力も殺人もいとわない。*38

つまり、「人類を救う」ことを意図しているはずのジョーが「世界を殺す」象徴となるのは、資源の占有や人間のモノ化だけでなく、その暴力の根底に存在する「自分自身のすでに病んでいる血を後世に残す」という彼の欲望を、*FR*のナラティヴが許さないからである。この汚染と再生産をめぐるイメージは、「種子」というもう一つのモチーフを経由して、ジョーの身体を「世界を殺す」身体として意味づけていく。映画の中盤、「緑の地」へと逃走を続ける車中でのワイヴズの会話シーンで、弾丸は「種子に反するもの（antiseed）」と呼ばれ、「それを植えられたら死んでしまう」と語られる。さらに、映画後半の別のシーンでは、「そのままそこにいてね、リトル・ジョー」とお腹に語りかけるワイヴズの一人に、鉄馬の女たちの老女が妊娠しているのかと尋ねる。彼女は妊娠しているジョーの子は「きっとすごく醜い」とつぶやく。老女は大切に保管している先祖伝来の種子を「本物だよ（the real thing）」と言って彼女に見せ、故郷を失った後その種子はどこに植えても土壌汚染のために育たなかったと語る。こうして、ジョーの「病んでいる血」は性奴隷化の暴力と継ぎ目なく縫い合わされ、「種子に反するもの」となる。とりわけ「本物の」種子――すなわち、汚染されていない種子――とは相容れないものとして対置されることを通じて、彼の病む身体は「汚染」の「元凶」として構築されるのである。

　フュリオサの「世界を救う」身体と、イモータン・ジョーの「世界を殺す」身体の対比がもっとも鮮明になるのは、クライマックスの対決シーンである。フュリオサが左腕の義手をジョーの呼吸マスクにかけた直後、マスクは顔ごと引きはがされ、義手とともにジョーの運転する車の巨大なタイヤに巻き込まれ、失われる。ここでフュリオサの義手とイモータン・ジョーの呼吸マスクは、文字通りの「義肢＝補綴」装置として FR のナラティヴを支えている。ジョーの死は、彼を「世界を殺す」身体として徴づける呼吸マスクが剝ぎ取られることで、極めて象徴的に描かれる――ここで、マスクとともに引きはがされるジョーの顔からは血が流れ、その身体が「モノ＝呼吸器」と一体化していただけでなく、根本的に依存していたことが露呈するのだ。暴力と不正義に溢れた滅びゆく世界の「元凶」が、イモータン・ジョーの病む身体に投影されることで、それは「根絶」されなければならないものとなり、文字通りスクリーン上から消え去ることが要請されるのである。他方、義手の喪失はフュリオサに死をもたらすことはなく、彼女の「世界を救う」身体としての象徴性を確固たるものにする。フュリオサの帰還によって、彼女とシタデルの民に「汚染されていない種子」と「汚染されていない水」という救済が与えられ、物語は解決を迎える。

*FR*という映画作品が、家父長制に抗い、資源の占有と暴力に支配されてきた世界に女性たちが正義を取り戻すという、エンパワメントに満ちた読みを確かに可能にするものだとして、同時にわたしたちは、はっきりとスクリーンに映し出されていたはずのディスアビリティの表象が、なぜそのなかで「スクリーン・アウト」されてしまうのかというロングモアの問いに、改めて立ち戻らなくてはならないだろう。「世界を救う」身体と「世界を殺す」身体へとディスアビリティの形象を振り分けることに、*FR*のフェミニズム的ナラティヴが依存していること、すなわち語りとディスアビリティ表象との「補綴的関係」[*39]に目を凝らすとき、その語りが示す「解決」は、まったく異なるものとして映るはずだ。

注

*1 Vito Russo, *The Celluloid Closet: Homosexuality in the Movies* (It Books, 1987=first published 1981).

*2 ゲイル・サラモンが指摘するように、映画『セルロイド・クローゼット』で引用される同性愛嫌悪による暴力や死に直面する登場人物たちは、注意深く見ればその「多くがトランスであることは明らか」であり、しばしば「セクシュアリティの規範というよりはジェンダー規範を侵犯している」ことに対する懲罰として描かれてきたということも確認しておきたい。ゲイル・サラモン『身体を引き受ける——トランスジェンダーと物質性のレトリック』藤高和輝訳、以文社、二〇一九年、一六八頁。

*3 Paul K. Longmore, "Screening Stereotypes: Images of Disabled People in Television and Motion Pictures," *Why I Burned My Book: and Other Essays on Disability* (Temple University Press, 2003), 131-132. 強調は引用者。

*4 斉藤綾子「可視と不可視の間に——あるささやかな考察」『論叢クィア』第三号、二〇一〇年、九—二三頁；一五頁。

*5 同書、二一頁。

*6 「消費する／されるクィア」の主流化をめぐる批判的考察としては、以下を参照。清水晶子「『ちゃんと正しい方向に向かってる』——クィア・ポリティクスの現在」『ジェンダーと「自由」——理論、リベラリズム、クィア』三浦玲一・早坂静編著、彩流社、二〇一三年、三一三—三三一頁。

＊7　Channel 4 Paralympics – Meet the Superhumans. https://www.youtube.com/watch?v=tuAPPeRg3Nw（二〇二一年七月九日最終閲覧）

＊8　カンパラプレス『『このＣＭがパラリンピックを変えた！』〜ロンドンパラリンピックを成功に導いた秘策〜』http://www.kanpara.com/para/4047/（二〇二一年七月九日最終閲覧）

＊9　同サイト。

＊10　「スーパーヒューマン」表象に対するディスアビリティ・スタディーズの視点による重要な批判としては、「個人的な『克服』の物語の称揚」というクリシェの反復に過ぎないと述べるリズ・クロウの議論、「クリップ‐インスピレーショナル」な表象の氾濫による同時期の障害者運動の不可視化を指摘したロバート・マクルーアの議論を参照。Liz Crow, "Scroungers and Superhumans: Images of Disability from the Summer of 2012: A Visual Inquiry," *journal of visual culture* 13-2 (2014): 168-181; Robert McRuer, *Crip Times: Disability, Globalization, and Resistance* (New York University Press, 2018).

＊11　Roslyn Sulcas, "Enrolled at Her Majesty's Spy School," *The New York Times*, 6 February. Available online at: https://www.nytimes.com/2015/02/08/movies/matthew-vaughn-and-jane-goldman-discuss-kingsman.html（二〇二一年七月九日最終閲覧）

＊12　Taylor Boulware, "'Who Killed the World?': Building a Feminist Utopia form the Ashes of Toxic Masculinity in *Mad Max: Fury Road*," *Mise-en-scène: The Journal of Film & Visual Narration* 1-1 (2016): 1-17, 1.

＊13　Boulware, 2.

＊14　Belinda Du Plooy, "Hope Is a Mistake, If You Can't Fix What's Broken You Go Insane: A Reading of Gender, (S)heroism and Redemption in *Mad Max: Fury Road*," *Journal of Gender Studies* 28-4 (2019): 414-434, 425.

＊15　Boulware, 2.

＊16　Anna Mae Duane, "We Are Not Things! Fury Road's White Slavery Story," *Furious Feminisms: Alternate Routes on Mad Max: Fury Road*, ed. Alexis L. Boylan, Anna Mae Duane, Michael Gill, and Barbara Gurr (University of Minnesota Press, 2020).

＊17　Duane, 33.

＊18　Duane, 39.

* 19　Duane, 42.

* 20　Duane, 42.

* 21　Boulware, 16. 強調は引用者。

* 22　ここでドゥエインが述べる境界横断的な身体とは、同時に「スーパーヒューマン」的身体であり、ちょうど同時期にフェミニズム理論やディスアビリティ・スタディーズ領域でも議論されていた「ポストヒューマン」的身体でもある。特に、ロージ・ブライドッティのポストヒューマン論を引き継ぎ、ディスアビリティ・スタディーズの視点から越境的身体やサイボーグといったテーマに改めて注目したものとしては、以下の議論を参照。Dan Goodley, Rebecca Lawthom, and Katherine Runswick Cole, “Posthuman disability studies,” *Subjectivity* 7-4 (2014): 342-361.

* 23　Michael Gill, “Is the Future Disabled ?,” *Furious Feminisms : Alternate Routes on Mad Max : Fury Road,* ed. Alexis L. Boylan, Anna Mae Duane, Michael Gill, and Barbara Gurr (University of Minnesota Press, 2020), 22. ここでギルが述べる「緩慢な暴力と死（the slow violences and deaths）」については、ロブ・ニクソンの「緩慢な暴力」とローレン・バーラントの「緩慢な死」の議論を参照のこと。Rob Nixon, *Slow Violence and the Environmentalism of the Poor* (Harvard University Press, 2011); Lauren Berlant, “Slow Death (Sovereignty, Obesity, Lateral Agency),” *Critical Inquiry* 33-4 (2007): 754-780.

* 24　Gill, 22.

* 25　Gill, 22-25.

* 26　Gill, 21.

* 27　David T Mitchell and Sharon L Snyder, *Narrative Prosthesis : Disability and the Dependency of Discourse* (The University of Michigan Press: 2000).

* 28　Mitchell and Snyder, 47.

* 29　Mitchell and Snyder, 13.

* 30　Mitchell and Snyder, 53. ミッチェルとスナイダーがここで援用しているウィルズの補綴（prosthesis）概念については、以下を参照。David Wills, *Prosthesis* (Stanford University Press: 1995).

* 31　Mitchell and Snyder, 53-54.

* 32　「スーパーヒューマン」表象における健常主義的な「克服の物語」の位置づけについては、以下の別稿を参照されたい。井

芹真紀子「『異なる身体』の表象――ダイバーシティ言説とネオリベラルな健常主義」『メディア・レトリック論――文化・政治・コミュニケーション』青沼智・池田理知子・平野順也編著、ナカニシヤ出版、二〇一八年、一三五―一四七頁。

＊33 Chia Wei Fahn, "Marketing the Prosthesis: Supercrip and Superhuman Narratives in Contemporary Cultural Representation," *Philosophies* 5-11 (2020): 1-18, 6. ただしここでファーンは、このような「障害ではなく能力を」強調する新たな障害者表象が、商業主義と結びついた新たな健常主義的ステレオタイプとなる危険性を指摘している。

＊34 Du Plooy, 429.

＊35 アビー・バーンスタイン『メイキング・オブ・マッドマックス　怒りのデスロード』矢口誠訳、玄光社、二〇一五年、六五頁。

＊36 Boulware, 6.

＊37 Boulware, 5.

＊38 バーンスタイン、一七頁。強調は引用者。

＊39 Mitchell and Snyder, 54.

第9章

『東京ゴッドファーザーズ』におけるトランス女性表象と「エイズ」の語

異性愛規範の外から中心への道程

宮本裕子

今 敏による長編アニメーション映画『東京ゴッドファーザーズ』（二〇〇三年）が、日本アニメーション史の中で特異なのは、三人の主人公のうち一人がトランス女性に設定されていることである。トランス・キャラクターを主人公とする日本の長編アニメーション映画は極めて珍しい。他方、虚実を混淆させる独特の映像を特徴とする今 敏という作家性の強いアニメーション制作者のフィルモグラフィーの中で、『東京ゴッドファーザーズ』はその特徴が前面に見られない、「地味」な作品でもあり、他の今 敏の作品に比して焦点化して論じられる機会はあくまで限定的である。そのなかでも、トランス女性表象自体に注目する論考はさらに限られる。後に詳しく見るように、それら限られた既存研究においては、主人公三人に示唆される代替家族の可能性が注目され、トランス女性キャラクターは、心理的な内面をもった個人として表象されている点に一定の評価が与えられている。

しかし、そのトランス女性表象は、ステレオタイプを踏襲したものでもある。また『東京ゴッドファーザーズ』における、捨て子を拾ったホームレスが、その子を生みの親に届けるという物語の筋自体は、異性愛規範の外側に置かれた主人公たち疑似家族が、血縁を基盤とした「本物」の家族という異性愛規範の中心へと向かう運動で構成されている。その意味で、『東京ゴッドファーザーズ』は周縁化された人々が、異性愛規範に動員される物語でもある。本章では、以上のことを明らかにしながら、劇中繰り返し映される血液のイメージと唐突に挿入される「エイズ」という語に注目し、HIV/AIDSの隠喩を読むことで、周縁化された人々の死を含みこんだ生が想起されうることを主張する。

トランス女性としてのハナの表象――心理的な内面をもった個人とステレオタイプ

東京でホームレス生活を送るトランス女性のハナ[*1]と自称元競輪選手のギン、家出少女のミユキは、クリスマスの晩に捨てられた赤ん坊を見つける。ハナはこの赤ん坊が神様からのクリスマスプレゼントで、自分たちの子どもだとし、赤ん坊に「清子」と名づける。ギンとミユキの説得も効いたのか、翌日にはハナは自ら清子を育てることを諦めるのだが、赤ん坊を捨てた理由を直接問うために、生みの親を探すと主張する。かくして清子の親を探す道程が始まる。

ハナのキャラクターに注目しながら『東京ゴッドファーザーズ』を論じるメラニー・サントイオンは、ハナが自らの身体について「神様のほんのミステイク」であり、「心は誰よりも女」だと主張する点から、ハナを「自らを女性であると同定している」[*2]トランス女性と見なしている。生みの親の顔を見たことがないというハナは、自身の孤児としての過去を清子に投影しており、その心理的な内面から来る動機が、この映画を駆動する。サントイオンは、「リアリスティックなトランス女性を描写し、ジェンダー・アイデンティティを超えて、彼女に深さと人間性を与えたという到達点において、『東京ゴッドファーザーズ』は革新的」[*3]なのだと主張する。

またサントイオンは、ハナに駆動される『東京ゴッドファーザーズ』に、家族とそれに対する批判が含まれていることを指摘する。劇中で、ギンは借金から逃れるために妻と娘の前から姿をくらませていたことが判明し、ミユキの家は宗教に熱心な母親のために機能不全を起こしていることが示唆される。さらに、清子を捨てたのは彼女を生んだ親ではなく、夫との生活を立て直すために病院から清子をさらい、自身の子どもであると偽っていた女性であることが終盤で明らかになる。最終的に清子は無事に生みの親の元に返されるが、その過程で示される家族の多くが失敗しており、その虚構性を明らかにしている点についてサントイオンは、「カップルや結婚、両親になることの異性愛規範的な希望の失敗についてのこの映画の批評は、崩壊し、機能不全に陥った『通常の』家族を焼き付け、描写している」*4と指摘し、異性愛規範が作るヒエラルキーの崩壊を読み取っている。

スーザン・ネイピアは、そのような異性愛規範に基づく家族に対する批評性の一方で、「最終的には伝統的な家族の概念もまた是認される」とし、この映画の規範性を認めつつも、ハナ、ギン、ミユキの三人の関係は、とりわけハナを中心とすることで、「もはや性別が役割を定義しない家族の新たな形態の可能性を示唆」してもいると指摘する*5。ネイピアが見出す代替家族のコンセプト自体はサントイオンも指摘するところではあるが、後の引用に見るように、このコンセプトは今　敏自身によって企図されたものでもある。

本章における認識は、ハナをトランス女性とするサントイオンのそれと同様ではあるが、そうであればこそ、ハナの表象に関しては、そのステレオタイプ的性質も看過することはできない。ハナは、このアニメーション映画で目指された、リアリズムと漫画的な誇張表現を組み合わせるという方向性において、誇張された漫画的存在として召喚されている。今　敏は、ハナのトランス女性という設定について、「オカマ」という表現を用いて次のように自己分析している。

> 演出コンセプトである「(リアリティのある世界観の中での)大仰かつ漫画的にデフォルメされた芝居」を実践するに当たって、オカマというモチーフがそのコンセプトに見事に合致しており、これ以外にないと確信した

のだと思われる。[*6]

ハナは今 敏によってのみならず、劇中でギンからも「オカマ」と呼ばれている。蔑称でもある「オカマ」という語の二〇〇三年時点における使用について問うことは本章の主旨ではないが、少なくとも今 敏が「オカマ」という、おそらくはメディア・イメージを介したトランス女性に対する、個別的であるよりは総体としての理解をもとにハナを造形していることが伺える。実際に、今 敏はハナに具体的なモデルが存在せず、また彼女がリサーチに基づいて造形されたものではないことを認めている[*7]。また他所ではハナについて、「実際にはいないのだが、イメージとして成立するキャラクター、というより実際には存在しないはずの、しかし誰もが認めるイメージをまとったキャラクターとでもいえばいいのだろうか」[*8]と記している点にも、イメージとしてメディアで流通しているような、大げさな身振りと女性性を強調した喋り方というステレオタイプからハナが造形されていることがわかる。加えて、「嘲弄、軽蔑、散漫な抑圧、制度化された差別的扱いといった形で」[*9]表れるトランス嫌悪を、バラエティ番組的なやりとりで笑いに変えることで是認してしまうようなその仕方を、ハナの表象は踏襲している。

ハナの、とりわけ表情の誇張された表現と手の細かな芝居については、細馬宏通が詳しく分析しているが[*10]、今 敏による漫画的な解釈と表現のされ方自体が、ハナというキャラクターが字義通りの漫画的役割《コミック・リリーフ》であることを物語っている。さらに、今 敏は「疑似家族を形成している主人公たちの一人が〔シス〕女性ではなく中年のオカマ」であることについて、「作劇の都合でいえば、この役を〔シス〕女性にしてしまうと相方であるギンちゃんとの関係がべたつく可能性があるので、それを避けているとは考えられる」と自ら解釈している[*11]。そうだとするならば、ハナはある意味では脱性化された女性としての役割を担わされており、その心理的な内面には制限がかけられていると言える。他方この点は、長編アニメーション映画に期待される作品の内容とも関係があるだろうし、過剰に性的な存在とされることもあるトランス女性表象との対比の中では、性的な側面が強調されずに造形されたトランス女性キャラクターの例として見ることも可能ではある。

いずれにしても、ハナほど心理的な内面をもった状態で物語の要を成すキャラクターは、他の日本の長編アニメーション映画にほとんど見当たらないという意味で稀有な存在であることは確かだ。今 敏が想像的な存在として企図したハナは、細かなアニメートにより、確かにスクリーン上に生きている。しかし同時に、誇張された表情のアニメートは、ハナのコミック・リリーフとしての役割を定着させ、正当化することに寄与してもいる。ハナの画期性は、彼女の表象をめぐるステレオタイプ的性質にも留意した上で検討すべきだろう。

血液のイメージと台詞のなかの「エイズ」

映画のごく序盤で、自らを女であると主張するハナに対して、ギンは「女は子どもを産むものだぜ」と返している。このような、トランス嫌悪的であるのみならず、出産を女性性の前提条件とするかのような女性嫌悪的でもある台詞は、石岡良治が指摘するような今 敏のアイディアの「歴史的に限界付け」られた性質の一面を顕にしている。

今 敏はしばしば登場人物が担う男女原理（とりわけ女性の「産む性」としての象徴性）について能弁に語るのみならず、愛すべき「オカマ」のノンバイナリーな魅力［中略］についても語っているが、そうした主題系を仮にステートメントからのみ判断するのだとするならば、作品の未来志向とは裏腹に、そのポテンシャルを自ずと歴史的に限界付けることになるだろう。[*12]

石岡はこのように指摘した上で、「作品の『残余』を、『イメージ』同士の照応と齟齬が織りなすリズムのうちに見出し」、今 敏作品の「ポテンシャルを別の仕方で解き放つことが重要」だと主張する[*13]。本章では、むしろトランス嫌悪に「限界付け」られた性質をより能動的に読むことで、ハナのスティグマ化を指摘し、本作を通して読みうる隠喩について主張したい。ここから行う解釈は、多分に主観的な読みを含むように思われるだろうが、『東京ゴッドファーザーズ』における解釈の余地は今 敏自身によっても示唆されている。

これまでの作品では、トリッキーな部分を「劇中劇」とか「夢と現実の混交」といった形で明確に提示していましたが、今回はトリッキーな面がどこに行ったんだか見えなくなるくらいまでひねってるつもりです。[*14]

また別のところでは、「観客個々人のいろんなイメージを喚起して、その喚起されたイメージとフィルムに描かれた世界を足して、はじめて作品として完成するものだと思うのです」[*15]とも語っている。今 敏自身が開いている共示の複数の可能性に向けて、本章なりの『東京ゴッドファーザーズ』を提示してみたい。

注目したいのは、劇中に繰り返し映される血液のイメージと、唐突に発される「エイズ」という言葉である。『東京ゴッドファーザーズ』には、物語の本筋とは直接的に関係のない血液のイメージがついてまわることで、死のにおいのような不穏さを内在させている。最初に血が流れるのは、ハナたちが道中たまたま助けた暴力団組長の娘の結婚式においてである。組長の娘婿が銃撃され、彼の胸のあたりから血液が飛び散るのだ。その後、ハナがはぐれてしまったミユキを探す中で、薄暗い裏路地の配管を滴る錆びを含んだ水のような赤色に近い色の液体が映される。その液体は、次のショットでミユキの回想場面へと繋げられ、小さなナイフのようなもので父親を刺したミユキの手元から滴る血液のイメージと重なり合う。この場面において、ミユキの家出の動機が明らかとなる。その他にも、主人公三人が滞在していたコンビニエンスストアに救急車が突っ込んだ後にハナが失神する場面にも、血液らしきイメージを見ることができる。失神したハナのショットの直後に地面へと落ちる血液のイメージが映るため、これがハナの血液なのかは判然としないのだが、この次のショットで、ハナは病院で点滴を打たれ眠っていることから、先の血液のイメージが彼女から生じたものであることが推察される。その後、ギンが医師からハナの病状について説明を受けるのだが、ここで医師は、ハナが「だいぶ弱っている」ため、「とにかく安静にして栄養のあるものを摂ってください」としか言わず、ハナの具体的な病状は明かされない。

「エイズ」の語が発されるのは、ハナが卒倒するよりも前の場面、ハナがかつて働いていたトランス女性の働くバーを訪れる箇所である。バーのママとの会話の中でハナにはかつてケンという名の恋人がおり、彼がすでに亡くなっていることが明らかになる。ママはハナに、ケンの死因について「エイズ?」と小声で問い、ハナはこれに対して、「風呂場で石鹸を踏んだばっかりに」と返答するのである[*16]。「当初男性同性愛者に多く発症し、社会の偏見や差別のために政府による対策が遅れ、そのためにたくさんの人々が亡くなったという意味において政治的な病である」[*17]HIV/AIDSを、トランス女性の恋人に結びつけることで彼をスティグマ化し、すぐさまそれを取り下げるこの場面は一体なにを意味するだろうか。

「エイズ」の語以外にも、HIV/AIDSのスティグマ的コードを読みうるモチーフが劇中に存在する。結婚式の銃撃犯はラテン系の人物であり、ミユキは彼に路地裏に連れていかれるのだが、そこで彼女は注射器を踏む。路地裏に落ちる注射器は、医療用であるよりは薬物摂取の道具としてコード化されるものだろう。アメリカにおいては薬物常習者とラテン系は、ＨＩＶ／ＡＩＤＳに結びつけられた問題含みの「カテゴリー」の一部である[*18]。これらのモチーフの存在と、唐突なハナの卒倒、奇妙なまでに具体性を欠いた病状の説明に加え、「エイズ」という単語の劇中の異質性が重なり、繰り返される血液のイメージは含意をもち始める。ハナとバーのママの会話に表れる「エイズ」の語は即座に否定されるのだが、一度発されたその言葉は、長編アニメーションにおいては聞き慣れないために耳に残り、先述のスティグマ的コードと結びつき、血液のイメージもまた、ＨＩＶ／ＡＩＤＳの隠喩として読む可能性に開かれる。

ハナの卒倒とＨＩＶ／ＡＩＤＳに関連を見るこの読み自体が、再度ハナをスティグマ化するものでもあるだろう。しかし、ハナの吐血が仮に過労で、それが清子の親を探す過程から、つまりは異性愛規範に基づく家族を回復するために被るものだとするならば、『東京ゴッドファーザーズ』における赤ん坊を親に返す主人公の動きは、究極的には異性愛規範の外側に位置するキャラクターが搾取されるものとしての側面を見せる。その意味では、劇中における主人公の歩む道筋とＨＩＶ／ＡＩＤＳの隠喩は、必ずしも無関係なものではない。

リー・エーデルマンは、社会秩序が要請する「再生産的未来主義」が最も重視するのが子どもであることを指摘し、クィア性は、「『子供のために戦う』のではない側を定める」[*19]ものであるとする。再生産を実現し、未来と結びつくがために、「社会秩序の究極の目的」[*20]の具現化となる子どももはまた、「異性愛規範のフェティッシュな固着を印づける」[*21]ものでもある。『東京ゴッドファーザーズ』は、まさにその子どもをめぐる物語であり、その存在のために再生産的未来主義の外部にいるはずの主人公たちが異性愛規範に奉仕させられる物語ではないだろうか。

妻と娘の元を離れたギンは、まさに子どものための戦い、つまり再生産的未来主義から降りたキャラクターである。妊娠と出産を行えないことをギンに揶揄されるハナは、その再生産的未来主義の外側に置かれた性質を強調されている。映画の結末では、捨て子から連想されるような、子どもの生育に困難を抱えた生みの親ではなく、経済的、社会的問題を抱えていないであろう、異性愛カップルが清子の両親として姿を見せる。もっとも、彼らの存在は印象に残るものではないのだが、ハナとギン、あるいは家出によって血縁関係にある親の子どもであることから降りてしまったミユキもまた、その周縁的な存在としての位置から、正に異性愛規範の中心たる再生産的未来主義を究極的に象徴する新生児をもうけたばかりの清子の両親へと向かっていたことが最後に明らかとなるのだ。サントイオンが指摘していたように、劇中では異性愛カップルや家族の挫折もまた描かれるのだが、物語の主軸は「異性愛規範のフェティッシュな固着」たる子どものために行われる周縁の人間による奮闘なのである。

そして、ＨＩＶ／ＡＩＤＳという疾患こそ、異性愛規範によって生じた偏見のために、適切な対策がとられなかったという意味で、異性愛規範が生んだ犠牲を象徴するものではなかったか。赤ん坊という未来の象徴を、つまりは再生産的未来主義の究極的な幻想を抱いたハナは、正にそれによって搾取され、犠牲となり、吐血による血液のイメージと結びつけられることで、劇中で発された「エイズ」という語の音を反響させる死のにおいに近づけられている。エーデルマンは、子どもを象徴とする再生産的未来主義に対して、クィア性を精神分析学における死の欲動から考え、未来を、その究極的な象徴たる子どもを転覆することを積極的に主張し理論化するのだが、これとは反対に、『東京ゴッドファーザーズ』の主人公たちは、むしろ子どものために戦い、未来の象徴たる子どもを異性愛カップルの元という「正しい」場所に戻し、異性愛規範に根ざす社会秩序を回復することに駆り出されている。それは彼らの再生産から降りた立場を贖うかのような道程である。

死の可能性のなかを生きること

その外部に置かれた主人公たちが再生産的未来主義に抵抗するどころか寄与するこの映画のプロットは、無批判的な異性愛規範への奉仕によって支えられているということができる。ただし一方で、再生産の外側に主人公たちが位置づけられていることは、その位置へ観客に目を向けさせる契機を提供する側面もある。

ＨＩＶに感染しても現在では「いくつかの薬を飲み合わせてエイズの発症を防ぐ」ことが可能であり、「治療法にアクセス可能な患者の多くにとって『死なない病気』になった」ことは確かである*22。一方で、新規感染者は世界中で毎年発生しており、過去の疾患などでは全くない。男性間の性行為を経験する人々に対するＨＩＶ／ＡＩＤＳの対策が日本で急速に進展したのは一九九〇年代後半からである*23。これは、一九九九年に「エイズ予防指針」が厚生大臣によって告示されたことによるものだ。『東京ゴッドファーザーズ』の作られた二〇〇三年は、この予防対策においてある意味で象徴的な年でもあり、厚生労働省が開催した「同性間性的接触におけるエイズ予防対策に関する検討会」の中間報告で、エイズ予防対策のための大々的な啓発の必要性が謳われたことによって、大阪の堂山と東京の新宿二丁目に、ＨＩＶ／ＡＩＤＳに関する情報を収集できるコミュニティセンターが設立されている*24。ＨＩＶ／ＡＩＤＳの感染とその予防に対する実際的な動きが、『東京ゴッドファーザーズ』の同時代における現実社会の背景にあるのだ。

ＨＩＶ／ＡＩＤＳが「死なない病気」だとしても、感染した場合、その感染した状態を覆すことはできないという点において、ＨＩＶ／ＡＩＤＳとともに生きることが死を含みこむのだと新ケ江章友は指摘する。

ＨＩＶ／ＡＩＤＳとともに生きることは、遠い未来をリスク管理することではなく、いまここに切迫してあるリスクとしての死とともに生きるということである。もちろん、現代医学の進歩はＨＩＶ陽性者を死から遠ざけることに成功しつつある。「エイズ＝死」という認識は、すでに過去のものとなってしまった。だが、ＨＩＶが体内に入り込んだ場合、それを完全に取り除く医療技術は未だない。〔中略〕一旦ＨＩＶ陽性となってしまうと、いまここに切迫してある死のリスクは具体的・直接的な形で自らの生のなかに立ち現れてくることになる。ＨＩＶ陽性になってはじめて、死としてのリスクが新たな現実味を帯びたものとして身体化されるのである。ＨＩＶ陽性者は、文字どおり命がけで死を生きなければならなくなる。*25

死を含みこんだ生は、ＨＩＶ陽性者としてコード化されていない『東京ゴッドファーザーズ』の主人公たちにも示唆されている。先に触れたハナの病状の説明を受ける場面で、ギンは「我々の生活は安静にも栄養にも程遠い」と医師に訴えている。またハナの退院時には、ギンがなけなしの現金を出して医療費用を実費で支払う様も描かれる。彼らは容易に病院での診察を受診できないのだ。彼らはＨＩＶ陽性でなくとも、死を含みこみながら生きている。新ヶ江のいう、ＨＩＶ陽性者の死を含み込んだ生と陰性者の死を含みこんだ生を並列に扱うことは、ＨＩＶ／ＡＩＤＳの脱政治化であり、一般化であると言えるだろう。しかし、『東京ゴッドファーザーズ』における、再生産的未来主義の外にいる主人公たちと劇中における「エイズ」の語の異質性、そして繰り返される血液のイメージとそれをＨＩＶ／ＡＩＤＳの隠喩と捉えることを有機的に結びつけることは、劇中の主人公たちを通して、現実における異性愛規範の外側に置かれた人々とＨＩＶ陽性者の、死を含みこんだ生を渾然と観るものに意識させる合図となりうる。

異性愛規範の中心へと清子を返した主人公三人のその後を、映画の結末は示唆していない。清子は両親の元に無事戻り、ミユキは父親とそこで偶然再会するところで映画は終わる。その後、ミユキは父のもとに帰るかもしれないし、ギンもまたハナを治療した病院で偶然再会した娘との家族関係を再開させる可能性がある。ハナは、かつての仕事場とママを頼るかもしれない。主人公たちの家族との再会は、クリスマスに生まれた赤ん坊としての清子の神聖性によってもたらされていることが劇中に示唆される。この神聖性は、当然ながらキリストの生誕を下敷きにしているが、それはもう一方で再生産的未来主義の象徴としての子どもの力でもある。再生産的未来主義の究極的存在たる赤ん坊である清子の親を探し出す道程は必然、主人公三人各々の家族との再会への道程ともなる。それだけでなく、主人公たちが滞在していたコンビニエンスストアに救急車が突っ込む場面をはじめ、神聖な存在としての清子によって、主人公たちは劇中何度も九死に一生を得ている。この点は、未来の象徴たる清子が、主人公たちの未来へとつながる生を維持していることを意味するだろう。そうであればこそ、清子を中心へと戻した周縁の主人公たちは、清子の神聖性なしに、その後無事でいる保証もなく、また映画もその保証を結末に与えていないのである。子どもを異性愛規範の中心に返した周縁の主人公たちの疑似家族の維持あるいは解散、またハナの安否は、子どもが「正しい」位置に返された今、問題とされないかのようである。オープンエンドとも宙づりとも言える映画の結末は、未来と強く結びついた子どもなしには、主人公の未来が記述困難であることを示唆し、主人公の死を含んだ生のリスクを維持するものにも見える。

ハナの表象におけるステレオタイプ的な性質や、彼女とその恋人を「エイズ」という言葉でスティグマ化するその仕方は、ジェンダーやセクシュアリティ、あるいはＨＩＶ／ＡＩＤＳに対する意識や認識の限界を示すものではある。一方で、これらの要素が一つの映画に導入されていることに注目することで開かれる映画の潜在的性質について考えることもまた、可能である。本章ではそのようなスティグマ化と並行するものとして、映画全体についてまわる異質なイメージとしての血液を、ＨＩＶ／ＡＩＤＳとの関係のなかで読んだ。先に見たように、二〇〇三年時点におけるＨＩＶ／ＡＩＤＳの対策は進行形で急速に行われていた程度には喫緊の問題であり、このような同時代的な状況を念頭に置けば、劇中の「エイズ」の語と血液のイメージを看過することは、少なくとも今日において不可能である。『東京ゴッドファーザーズ』をＨＩＶ／ＡＩＤＳとの関係のなかに読むことは、異性愛規範の犠牲となった再生産的未来主義の外側の多くの人々を、また過去のものではなく現在の世界においてもわたしたちとともに存在しているものとしてのＨＩＶ／ＡＩＤＳを、そのスティグマ的な連帯でもって、同時に捉え返す契機を提供しうる。『東京ゴッドファーザーズ』は、再生産的未来主義への奉仕の物語として読むことができるが、そう読むことは翻って、再生産的未来主義がその外側に残酷に働く現実への意識を促す。このように時代的、認識的な限界に焦点化することを通じて、引き出されるアニメーション・テクストのポテンシャルも指摘されるべきだろう。

注

＊1　公式的な資料において、ハナは「ドラッグクイーン」や「オカマ」と表記されている。『＋ＭＡＤＨＯＵＳＥ1 今 敏』、復刊ドットコム、二〇一五年（原著二〇〇七年）、二五頁。『今 敏アニメ全仕事』、ＧＢ、二〇一一年、三二頁。後に確認するように、今 敏自身もハナを「オカマ」と呼んでいる。

＊2　Melanie Saint-Oyant, "Queering Animation: The Animated Aesthetics of Queerness in the Works of Satoshi Kon" (Master Thesis, University of Colorado, 2017), p. 78. サントイオンは、サラ・アーメドやホセ・エステバン・ムニョスらのクィア理論を援用し、セクシュアリティに限定されない、「非規範性」としての「クィア」という考えから、今 敏のフィルモグラフィー全体を検討している。『東京ゴッドファーザーズ』はそのうちの一章を割いて論じられている。

＊3　Ibid., p. 80-81.

＊4　Ibid., p. 83.

＊5　Suzan J. Napier, "From Spiritual Fathers to Tokyo Godfathers: Depictions of the Family in Japanese Animation," in *Imagined Families, Lived Families : Culture and Kinship in Contemporary Japan*, ed. Akiko Hashimoto and John W. Traphagan (Albany, New York: State University of New York, 2008), p. 45.

＊6 今 敏、〝東京ゴッドファーザーズ雑考 - 決算２００２より - ０７〟、「Kon's Tone」、http://konstone.s-kon.net/modules/tgf/index.php?content_id=11（二〇二一年五月二一日最終閲覧）。

＊7 Andrew Osmond, *Satoshi Kon : The illusionist* (Berkeley: Stone Bridge Press, 2009), p. 60.

＊8 今 敏、〝東京ゴッドファーザーズ雑考 - 決算２００２より - ０８〟、「Kon's Tone」、http://konstone.s-kon.net/modules/tgf/index.php?content_id=12（二〇二一年五月二一日最終閲覧）。

＊9 ルイ＝ジョルジュ・タン編『〈同性愛嫌悪《ホモフォビア》〉を知る事典』、金城克哉監修、齊藤笑美子、山本規雄訳、明石書店、二〇一三年、四一二頁。

＊10 細馬宏通「アニメーションはもう少しでしゃべり出す――『東京ゴッドファーザーズ』に表れる声と身体の逸脱」、『ユリイカ』、青土社、二〇二〇年八月号、二〇〇―二一五頁。

＊11 今 敏、〝東京ゴッドファーザーズ雑考 - 決算２００２より - ０７〟。括弧内は引用者による。

＊12 石岡良治「今 敏の妄想機械――個人に作用する集団の夢」、『ユリイカ』、青土社、二〇二〇年八月号、八八頁。

＊13 同前、八八頁。

＊14 今 敏、〝Interview 15 二〇〇三年八月 国内の雑誌から「東京ゴッドファーザーズ」に関するインタビュー〟、「Kon's Tone」、http://konstone.s-kon.net/modules/interview/index.php?content_id=16（二〇二一年五月二一日最終閲覧）。

＊15 北川れい子、「東京ゴッドファーザーズ 今 敏 監督インタビュー」、『キネマ旬報』二〇〇三年一一月下旬号、七二頁。

＊16 ステファン・エリオット監督によるオーストラリア映画『プリシラ』（一九九四年）に、ハナとママの会話に似たやり取りが存在している。『プリシラ』は、三人のドラァグ・クィーンが、地方公演のためにバスで砂漠を旅するという内容である。地方公演を依頼されたティックが、パートナーを亡くしたばかりの古い友人ベルナディットと葬儀において再会し、パートナーの死因について会話をする場面が映画の序盤にある。ティックが「バスルームで滑って転んで死ぬなんて」というと、ベルナディットは「髪を脱色しててそのガスで窒息したの」というのだ。また『プリシラ』には、三人の移動用のバスに〝AIDS FUCKERS GO HOME!〟（「エイズ野郎出ていけ！」）と落書きをされる場面がある。今 敏をはじめ、関係者によって公言されている『東京ゴッド・ファーザーズ』の参照元は、ジョン・フォードの『三人の名付親』（一九四八年）であり、確認できる限りでは『プリシラ』についての言及は見られないものの、『東京ゴッドファーザーズ』におけるハナのキャラク

ターや「エイズ」の語が『プリシラ』の参照から来ている可能性は考えられる。
＊17　藤田淳志「エイズ・アートとセクシュアル・マイノリティの政治――『フィラデルフィア』、『レント』、『ザ・ノーマル・ハート』」、三浦玲一、早坂静編『ジェンダーと「自由」――理論、リベラリズム、クィア』、彩流社、二〇一三年、二四七頁。
＊18　マリタ・スターケン『アメリカという記憶――ベトナム戦争、エイズ、記念碑的表象』、岩崎稔、杉山茂、千田有紀、高橋明史、平山陽洋訳、未来社、二〇〇四年、二四二―二四三頁。
＊19　Lee Edelman, *No Future : Queer Theory and the Death Drive* (Durham : Duke University Press, 2004), p. 3.
＊20　Ibid., p. 11.
＊21　Ibid., p. 21.
＊22　藤田、二四六頁。
＊23　新ヶ江章友『日本の「ゲイ」とエイズ――コミュニティ・国家・アイデンティティ』、青弓社、二〇一三年、一六一頁。
＊24　同前、一六一頁。
＊25　同前、二〇九―二一〇頁。

第10章

クィア・アニメーションの可能性

矢野ほなみ

アニメーションにおけるクィア・アニメーションの位置とは？

クィア・アニメーションとは一体なんだろうか。その問いと向き合う前に、まずは従来のアニメーション研究におけるクィア研究の立ち位置を整理しておきたい。

アニメーション[*1]が大衆芸術や商品であることを前提に展開されてきたこともあり、国内におけるジェンダー学や映画学の領域において「アニメ」作品のセクシュアリティ表象は研究対象となることはあっても、個人作家による短編作品（インディペンデント・アニメーション）や国営スタジオで制作されたアニメーションがその対象となることはこれまでなかった。インディペンデント・アニメーションは、商業的流通やその制約から自由であり、多様な題材や作家自身が身を置く外界と結びつきながらも、より深奥且つ個人的なビジョンが反映できる表現手法である。

アニメーション作家の山村浩二は、『創作アニメーション入門』のなかで、インディペンデント・アニメーションは「実写映画とはまた別の深い世界を表現しうる可能性」があり、しかもそれは「ファンタジーなどという柔らかな絵空事の空想ではなく、もっと生々しく内部を照射する、強力で、ある意味では忌まわしい鏡」だと述べている*2。山村に従えば、アニメーションはクィアを表現するにも親和性が高い形式と言えるのではないだろうか。

個人作家によるアニメーション作品では、強度をもって内面の描写や社会が反映され、表現上の秘められた欲望が無意識に表出することもある反面、社会から押しつけられた規範に外れるものを「隠す」ことも可能であろう。クィア・アニメーションにおいて、制作者であり鑑賞者でもあるわたし自身の葛藤は、その両方の立場から、隠された欲望が明らかにされることへの期待と同時に、表出を恐れるアンビバレントな心情にある。作中に込めたクィアな思いを発掘してほしいという思いと、意識的であるか無意識的であるかにかかわらず、秘匿されたものが暴かれることに対して危惧する気持ちの両方が存在する。クィアな欲望の持ち主が、その発見を望まない場合や、作家の死後の作品に対してそれを行う場合、死者の墓を暴くような行為になってしまう恐れがある点にも慎重にならねばならない。

二〇一七年に発表した拙作『染色体の恋人』をめぐる、わたし自身の経験を振り返ってみたい。例えば、国内のある発表の場において、作品の内容でクィアを扱う以上、当事者であるのか否かを明確にしてほしいという要望を受けた。もし制作者《わたし》が当事者でなければ、作品の見方が変わるということになるのだろうか、疑問を抱きつつも、質問や感想へ答えることが作者のカミングアウトを意味するような立場に何度か立った。他にも、制作者が当事者かどうかは知らないが、（クィアな要素を入れれば話題性があると思って）簡単に同性同士の恋愛を取り上げる作品はキッチュだと言われ、他方で、『染色体の恋人』は映画祭のギャグ部門へ応募するとよいとアドバイスを受けたこともある。

国内におけるインディペンデント・アニメーションの評価や発表の場で、作者自身のセクシュアリティを集団の面前で問われ、その答えによっては作品の評価や受け止め方が異なってくることを知らされたのは衝撃的であった。クィア作品をつくることでカミングアウトを求められ、あるいは当事者が制作したものでなければ作品の価値が変わることを示唆されることは、制作過程では予想しなかった。

これらのことから、ヘテロセクシズムを前提とした上映環境や、セクシュアリティ表象についての議論が深まっていない状況下では、クィア・アニメーションは、そもそもの鑑賞の枠組みからこぼれ落ちてしまう可能性があることに気がついた。それと同時に、クィア表象が社会規範から外れてしまう地域などで制作された、知られざるクィア・アニメーションと出会いたいと思うようになった。そのような状況下で評価を待っている作品は無数にあるかもしれない。

クィア・アニメーションとどう向き合うか

これからインディペンデントな状況で制作されたクィア・アニメーションとどう向き合っていけば良いのか、どのような手法を用いて考えていけば良いのだろうかを考えていたときに、ひとつの指標となったのが、英米文学批評で実践されてきた「クィア・リーディング」をアニメーション研究において応用することであった。

松下千雅子は、『クィア物語論――近代アメリカ小説のクローゼット分析』のなかで、従来のクィア・リーディングが「隠れたホモセクシュアルな欲望を明るみに出すことに一役買わされ」てきたことを指摘し、同性愛を明るみに出すことを意味する「アウティング」に頼らないクィア・リーディングの必要性を論じた[*3]。それによって、「誰が同性愛者なのか」を発見するのではなく、テクストにおいてその欲望がどう構築されているのかを見出すことが可能となり、制作者が当事者であるのか／ないのかと、ラベリングするような状況を回避できる。このような意識を共有することで、わたし自身が直面したようなカミングアウトが必要とされない作品鑑賞の場が可能となり、作者ではなく、作品それ自体、あるいは作中のクィアな表象と向き合うことができるようになるのではないだろうか。

さて、クィア・アニメーションとはなにかについて、制作者としての立場から検討してみたい。明確なクィア・アニメーションの定義を持ち、自覚してその制作に取り組んでいる訳ではないが、これまでの経験を通して、クィア・アニメーションと見なすことができるいくつかの要素があるので挙げてみたい。これらの要素の境界は作品によって異なり、互いに重なりあうこともある。その要素とは、①作中にクィアな何かが共示される、②制作者が当事者であればその作品はクィア（な要素を持つ）作品と言える（?）、③観客の立場から作中にクィアな欲望が認められるとき、その作品はクィア作品となる、④描いているもののなかにクィアなモノや人が外示される。②について、わたしの考えとしては制作者が当事者であるからといってその作品がクィアな作品であるとは思わない。しかし、作品をクィア映画祭へ応募する際、制作者が当事者であれば作品の内容問わず応募要件を満たす映画祭があるので加えた。その背景には、当事者である作家を応援するという映画祭側の意図があるのではないかと推察する。このなかで、自身が明らかにクィア作品と自覚して制作するのは④の場合である。これについては後述する。

メディアとしてのアニメーションとクィア

アニメーションという形式はクィアを表現するのに効果的だと考えるが、その理由は、アニメーションというメディアが持つ視覚表現方法にある。個人でアニメーションを制作する過程には、映画の場合基本的には一秒に対して二四フレームの作画や撮影が必要であり、画面に視覚的に認識されるものは、すべて作家本人による判断が必要である。もちろんすべてがコントロールされているということではなく、有機的な表現の中に偶然性が生まれ、それが大きな魅力になることもある。とはいえ、その偶然性を取り入れるか否かの判断をするのも作者である。カナダ国立映画制作庁において個人主義のスタイルを確立したノーマン・マクラレン*4は、『ナルシス』(一九八三年)*5において、他の作品でよく採用されていたドローイングやフィルムエッチング、ピクシレーションやストップモーションという手法ではなく、ダンサーをモチーフとして採用し、それらをオプティカルに合成して撮影しながら時間を操る手法で制作した。ギリシャ神話の「ナルキッソス」が題材である本作は、アメイニアスとの同性愛と、ナルシスの生命力溢れんばかりの喜びがバレエダンスの身体を用いて表現される。しかし、ナルシスはアメイニアスを拒絶し、それによって罰を与えられるナルシスは水面に映った自らしか愛せなくなる。マクラレンの遺作である本作においては、「ナルキッソス」を題材に用いた理由に加えて、ドローイングやピクシレーションなど、さまざまな技法開発を果敢に挑戦した大家であるマクラレンが、なぜ後期作品や本作において身体を持つダンサーを使用したのか。アニメーション作品においてクィアを考察するとき、手法の観点から分析することも可能ではないだろうか。

また、アニメーションは動きの芸術とも言われているが、動きを表現する際、「心地の良い動き」/「気持ちの悪い動き」などと形容することから、動きそのものが根本的にセクシュアルな欲望を秘めていると考えられる。したがって、作家がどのような表現技法を用いているのか、またどのような動きを採用したのかは、クィア表象においてアニメーション固有の分析と考察を可能にするはずである。

以上のことから、アニメーションというメディアを用いてクィアを表現するとき、アニメーションの持つ特性においても、アニメーションとクィアの親和性は高いと考える。それゆえアニメーションは、クィアを表現するのに非常に有効であり、アニメーション研究内においてクィア・アニメーションへのまなざしは必要不可欠に思う。

クィア・アニメーションを制作すること

『染色体の恋人』（Chromosome Sweetheart, 二〇一七年）は、東京藝術大学大学院の修士課程修了制作として一年かけて制作した作品である。

学生時代に人間の染色体の形をみたとき、ねりねりと動く人のようにみえた。二人で一組のように感じさせるそれは、両手をあげたり踊ったり、脚を広げて寝転んだり、自由気ままでリラックスしていた。独立生物を構成する細胞のなかには核があり、そのなかに染色体があるが、この小さな人間のような形のものに、生物学上の性別が決められたり自分の情報が記録されたり、自らの意志の介在しないところで自己決定がなされることを不思議に思った。その後、心に宿る制作動機にしたがってクィア・アニメーションを作りたいと思うとき、かつての染色体として暮らす小さな人々が心に浮かんだ。染色体への想像を膨らませる形で、人に見立てた染色体を個々として独立させ、とても小さな単位で、そのミクロな姿を群像劇として成立させたいと考えるようになった。それも、あらかじめプログラムされた生き物としてではなく、それぞれの意志や感情が介在する形で。

本作品においてクィアと向き合い、どのようなアプローチをしていきたいかを考えるとき、とても短いシークエンスで群像を描き、小さな物語をつなげることで大きな物語を描きたい――それが人間における染色体の構造と同じ役割なのではないか――と考えた。まず構成だが、説明的な描写は極力省き、各群像の瞬間や断片を切り取った最小単位で構成した。その意図は、各カット単位やアニメートのテンポに重点を置くだけではなく、シーンごとの勢いやムードを保持することを最優先として、二人一組の関係性における熱量の推移によってシーンを構成した結果である。説明的要素を省くことで、群像を描きながら、各シーンの言葉や行為を摘出し、小さなカットが全体として大きな物語になることを目指した。その言葉や行為を摘出する際の指針となったのが、キャラクターの心情や恋のほとぼりであった。また、当時は自身の中でわからないものと対峙する方法として、手を動かしながら制作を通して「クィア」と向きあいたいと思った。

❖美化への「抵抗」

本作品で重要視したことの一つに、マイノリティであることの悩みや葛藤ではなく、人間関係における根本的な悩みや葛藤を描きたいということがあった。作品としてクィアが扱われるとき、カミングアウトでの葛藤や挫折、涙や苦悩は題材にされやすい。もちろん、そのこと自体を無視することはできないし、賞賛する訳でも非難する訳でもないが、本作ではそれよりも、恋愛の中で得られる各キャラクターの感情に焦点を当てたかった。

ここで「抵抗」という言葉を使うとすれば、制作当時（二〇一六年）に作者が抵抗したかったのは「マイノリティ」を取り巻く「悲嘆」的な空気と自分自身であった。作品の中で「悲嘆」的なムードを描かないことは、社会問題としてマイノリティを扱わないということであり、ひいては「いい作品」にしない、すなわち「美化」しないということでもあった。美化せずに、まとめきれない弱さを認め、自分自身で整理しきれない気持ちや混乱はそのままに、混沌のなかに鑑賞者を引き入れることを受け入れた。

自分自身が観たいと思えるようなクィア作品を作ってみたいというのも、制作動機のひとつであった。制作を始めた二〇一五年の終わり頃は、少なくとも今ほどクィア・アニメーションが自由に観られず、アニメーションの映画祭、またはクィア映画祭のなかのアニメーションやショート部門で出会うか、オンラインで探し出すかであった。ようやく鑑賞できる作品があったとしても、例えば親密な女性二人の関係が描かれる時、時間や心のやりとり以上に、肉体の繋がりが必要以上に優先されるような演出や、意図を見出すことが困難であると感じるほど肉体露出の多い作品がしばしばあり、辟易することが少なくなかった。ある種のステレオタイプと思われる同性愛への演出に対して、怒りとも異なる、反抗や抵抗を覚えるようになった。

そもそも、まるで同性同士の恋愛の根拠であるかのような過剰な肉体露出と、ヘテロセクシュアルな関係であればここまでするのだろうか、と感じるほど蛇足的に長い性的なシーンを描かなくても、もしアニメーションであれば肉体を出さずにそれを描くことができるのではないかと考えた*6。

❖本作の手法

自身の作品に話を戻すと、まず画材としては主に木炭と鉛筆を用いてデッサンしていく形をとった。鉛筆でキャラクターを描写し、彩色する感覚で木炭を使用したが、ある程度紙の上に炭が乗ってくると、今度は指で擦って輪郭をなぞったり、押さえ込んで奥行きを出したり色を抜いて陰影を調整した。直接キャラクターに触れながら描く行為によって、木炭が自身の身体の一部となり拡張されたような感覚になった。何度も顎下の陰や目頭、身体の陰影などをなぞりながら描いていると、不思議とキャラクターに情が移るような心持ちがし、制作することに時間がかかるアニメーションであっても作画のペースやモチベーションを保つことができた。また、指でキャラクターの肌に直接触れる感覚からキャラクター自身の肌への質感にも思いが馳せられ、桃の描写に至っても、指で描くことのできる粉パステルを採用した。作品を制作することを通して、その描く対象や自身の考えと向き合おうとするとき、あるいは作品を通して自分のなかに浮かび上がるものを掴もうとするとき、身体的に作品に触れて創作することは直接的であるがゆえに有効なのかもしれないと感じた。その後描いた紙をスキャナーで取り込み、Photoshopで背景を透過しデジタル処理したものを編集した。

❖キャラクター造形について

『染色体の恋人』を構想した際、まずはスケッチを積み重ねながら作品のイメージを膨らませ、ビジュアルとしてどう表現していくかを手を動かしながら考えた。描いたスケッチを壁に貼った状態で群像のキャラクターや個性を見出し、どのようなセリフが聞こえてくるのかを想像していくなかで、本論のテーマである「美化」への抵抗もこのスケッチの中に予め隠れていたように思う。壁に貼ったスケッチはどれも共通して、厚い肉感であり、眉毛は繋がっていた。崩せば崩すほどに心地よさを感じ、決して美しいとは呼べないキャラクターが出てきたが、このときに描いたスケッチが、本作の指針となる「美化」への抵抗を先導したように思う。

❖クィアな人物を描くこととアウティング

ここまで、自身の作品制作における過程について振り返ってきたが、自身がクィア・アニメーションを制作していると自覚する場合、作中にクィアな登場人物を出すと前述したことについて、再度触れておきたい。前提として考えるのが、クィアな人物を描くにしても、その作品のなかで物語として自然に描かれる場合以外に、特別に観客に認知される必要はないということである。逆説的な紹介例になってしまうが、クィアな人物であることがストーリー展開とは関係なく、不自然な形でクィアであると観客にわからせた作品をあえて紹介したい。

『日本沈没２０２０』（監督湯浅政明、脚本吉高寿男、二〇二〇年）は、小松左京原作のNetflixオリジナルアニメであるが、架空の東京オリンピック終了直後に起きた巨大地震に翻弄され破滅に向かう人類と、次第に沈む日本を描いた作品である。作中には、「謎多き」「世界的YouTuber」の「カイト」が登場し、「カテゴリーからの束縛を嫌う自由人」である自身のポリシーを明言しつつ、とにかく安全な場所を求めて彷徨う主人公の一団に同行し、危険な状況であっても常に諦めることなく、主人公姉弟を救う。

作品において、「カイト」は自らを「俺」と呼称し、その服装や振る舞い方や、酸素ボンベを背負った男性を背負って海中を泳げるほど屈強でタフであることに、視聴者の立場から「カイト」は、男性性を生きる人として受け入れることが自然であるようにみえる。最終話において「カイト」の幼少期が回想され、幼き「カイト」に見えるスカートを履いた子どもが、成長した「カイト」のアイコンである黒の凧《カイト》を空に浮かべ、スカートを脱ぎ、そのスカートが風で飛ばされる様子が描かれる。そこでは「カイト」のジェンダークィアな部分が示唆されている。

その後、物語は現在に戻り、主人公の歩は「カイト」のライブ動画配信開始の通知を受け“She looks well”とつぶやく。これまで「カテゴリーからの束縛を嫌う自由人」として「カイト」を描いてきたにも関わらず、物語の終幕で「カイト」と心の距離が近いはずの主人公が「カイト」を性別の「カテゴリー」の中へ押し込めてしまう。

最後に、ただ一度だけ「彼女」と呼ぶだけではあるが、伏線を回収し、登場人物のバックグラウンドを暴露するエンターテインメントとして、主人公の歩と制作者によるアウティングが行われたように感じた。物語を盛り上げるための要素として、登場人物や制作者がクィアに描かれる人物をアウティングし、それが消費されていくことは、たとえ作中人物であっても、配慮されるべきであろう。

これからのクィア・アニメーション

最後に、アニメーションの上映と視聴をめぐる現状に言及して本章を閉じたい。

現在、国内においてクィア・アニメーションを観るには、インディペンデント・アニメーション同様、①映画祭、②作者によるインターネット公開、③イベントや回顧上映など映画祭以外の上映会、④オンデマンド及びＤＶＤ、が主な視聴環境であり、メインは①の映画祭である。現状ではハイブリット形式による映画祭開催も増えてきており、必ずしも現地に赴く必要はない。映画祭巡回後、しばらくしてからのインターネット上での公開も拡大しているように感じられる。

クィア映画祭では実写映画がメインであり、アニメーションの作品数は、それほど多くない。しかしながら規模の大きいクィア映画祭であればアニメーション・プログラムが組まれることもある。最も長い歴史をもつクィア映画祭フレームラインでは、毎年アニメーションプログラムが組まれているので、クィア・アニメーション制作の際は、映画祭への応募を推奨する。その他、短編映画祭の領域においても、例えば二〇二〇年のキエフ国際短編映画祭でクィア・アニメーションプログラムが組まれている。

国際映画祭としてのクィア・アニメーション映画祭というものはまだないが、二〇一〇年代後半から少しずつかつ急速に、クィア映画祭でもアニメーション映画祭でも、クィア・アニメーション特集が組まれるようになり、状況は変わりつつある。たとえば、スイス最大のアニメーション映画祭ファントーシュが、二〇一六年にジュディス・アフォルターのキュレーションによってクィア・アニメーションプログラムを組み、二〇一七年には、先述のノーマン・マクラレンを初代会長とする国際アニメーションフィルム協会のアメリカ東支部が、プライド月間にクィア・アニメーションプラグラムを組んでイベンドを開催するなど、アニメーション映画祭のなかで「クィア・アニメーションプログラム」が組まれるようになってきた。これらは世界中で起こっていることの一例で、クィア・アニメーションは、まさに今、夜明けを迎えたように見受けられる。

年々クィア・アニメーションの数が増加傾向にある理由として、アニメーション・ドキュメンタリーという新たなジャンルの手法が浸透してきたことが、その一因として挙げられる。この手法は、実際のインタビュー音声を用いてキャラクターやモチーフに置き換えることが多く、クィアにまつわる些細だけれども尊い出来事や名前のない関係、恋やカミングアウトなど、個人史において記録し得なかった出来事やクィアな内面を映像として立ち上げることができる。さらに、アニメーション・ドキュメンタリーは、実写映画のように実際の役者や人間を撮影する訳ではなく、キャラクターや別のヴィジュアルで構成するため、見た目による区別や国籍や立場を超えて、鑑賞者とまなざしを共有したいときにも有効である。

また、アニメーション化することで、メディアへの露出を避けたい人や、カミングアウトしていないインタビュアーのプライバシーを保護することができることも利点であろう。

近年のクィア・アニメーションには、作品数の増加に伴って、ある一定のパターンが見えてくることもあるが、その中にも新しい表現や更なる多様性が表出している点が非常に重要である。その背景には、個人が所属するコミュニティにおいて、作り手がこれまで要請されてきた二項対立的な社会規範からの解放や抵抗も作用しているであろう。

発表の場や作品数の増加など、クィア・アニメーションは現在、大きな転換期を迎えているが、アニメーション研究において、それはようやく研究対象になりつつあるということに過ぎない。アニメーションを、クィア研究と接合することによって、これまでにない角度からのアニメーション研究が可能となり、それは国内におけるクィア・アニメーションをこれから盛り上げていく土壌となるはずである。また、アニメーション研究にクィア研究の視点を持ち込むことは、ジェンダーやセクシュアリティに関する規範や表象を顧みない従来の評価基準によって、評価の枠組みからこぼれ落ちる作品を新たに発掘する可能性を秘めている。

注

＊1　本章で扱う「アニメーション」は、主に個人作家による短編作品や国営スタジオで制作された、いわゆるインディペンデント・アニメーション作品を対象とする。もともと「アニメーション（animation）」の語源は、ラテン語の「アニマ（Anima）」に起因していて、動かない平面上のものがあたかも動いて見える、その命を吹き込むといった意味から生まれている。アニメーション研究者である土居伸彰の言葉で言えば、アニメーションは、「さまざまな手法によって作られた動画表現の総称」であり、「近年では国内および世界的な受容によってきわめてポピュラーになった日本製商業アニメーション（「アニメAnime」）に対して、それ以外のものも包括する言葉」である。（現代美術辞典 Ver. 2.0、Artscape）

土居伸彰　株式会社ニューディアー代表、新千歳空港国際アニメーション映画祭フェスティバルディレクター。アニメーション研究の傍ら、各種イベントや執筆、配給など、精力的に世界のアニメーションを広く紹介する

＊2　山村浩二『創作アニメーション入門』（六耀社、二〇一七年）一四〇頁。

＊3　松下千雅子『クィア物語論──近代アメリカ小説のクローゼット分析』（人文書院、二〇〇九年）。

＊4　ノーマン・マクラレン（Norman McLaren）一九一四年スコットランド生まれ。カナダ国立映画制作庁（National Film Board of Canada：通称NFB）初代アニメーション部門長官。代表作『隣人』（一九五三年）は、人間をコマ撮りして映像をつなげるピクシレーションという技法で製作され、アカデミー賞短編部門最優秀ドキュメンタリー賞受賞一九五三年には『隣人』で米国アカデミー賞短編ドキュメンタリー賞受賞。『線と色の即興詩』（一九五五年）はカンヌ国際映画祭短編部門パルムドール受賞など多数。

＊5　本作はマクラレンの遺作でありながら、その評価は他の輝かしい業績を持つ作品の日陰にある。

＊6　例えば、フィル・ムロイ監督作品の「椅子の性生活」（一九九八年）は、椅子の動き、椅子と家具の関係性、構図などで多様な性の用語を解説してしまう。そこに肉体は一切出てこない。しかしながら、椅子の作画と画の構図や配置だけでそこにセクシュアルな欲望が認められる。フィル・ムロイ監督のウィットに富んだこのフィルムには、クスッと笑わずにはいられず、

シンプルで達観している。

引用・参考文献

『Barry Purves - His Intimate Lives -』（二〇〇八年）（ＤＶＤ付録冊子）
『表象』（2013-07　表象文化論学会）

第11章

ビート ゴーズ オン
エイズやクィアに関する映像の上映を続ける理由

秋田　祥

二〇一〇年代の日本において、性的マイノリティの人々を描いた作品を観る機会は少なくなかったかもしれない。しかし、そのなかで、ニュアンスのある表現について話せる場はどれほどあるだろうか。混沌としたこの世の中の複雑な「わたし」や「わたしたち」の体験の語りや斬新な表現をもっと見たい。既存の映画祭や文化的空間の存在に感謝しつつ、クィアアーティストやアートファン、クィア・スタディーズに関心のある人々が繋がることができる、そのために一年中、流動的に動いているような空間を作りたい。そう強く思い、古今東西の作品を上映し始めた。その過程で新たな出会いにも恵まれ、ＨＩＶやエイズに関する映像も多く上映してきた。ここでは、そこに至るまでの背景や意図などを上映したＨＩＶ／ＡＩＤＳに関する作品を軸に振り返りたい。

わたしは二〇一五年より、東京を中心にクィア映画と呼ばれる作品や実験映像を上映してきた。ヴァーチャル空間ではなく、実際に一つの空間に集い、同じ作品を鑑賞し、語り、情報の交換や出会いの場になるプラットフォームで、名前は、〝ノーマルスクリーン〟。プロフィールを誰かから求められた際は、例えば、このように伝えている。「場所はもたず、映画館、団体、コミュニティセンターなどと共催、または協力し、主に性的マイノリティの人々の経験をとらえた実験的な映像作品やクィアアーティストを紹介している。新旧／地域は問わず、これまでにベトナム、タイ、韓国、アメリカ、アルゼンチンなどの作品を有名なものから無名の作家の作品まで上映している。」

ノーマルスクリーン（以下NS）は「普通」にとらわれずルールをいくつか壊しながら活動を継続しようと意識しながら始動した。「ノーマル」と団体名にありながら、その抽象的な名前や活動理念などを「説明する」ことに少しながら抗っているその姿や上映作品を見て、ニヤリとしてくれる人、そんな人のためにNSは存在する。日頃、存在しないかのように扱われる性的マイノリティの人々が主役、または核となる空間を目指そうとしているのだ。

しかし、上映作品の情報をアーカイヴしていくことも活動の重要な一部だと感じていたため、作品情報の公開や告知を制限することで空間と人を守るアンダーグラウンドな活動にはならないとわかっていた。初めての上映は渋谷のミニシアター、アップリンクで行い、広報も積極的に行なった。場所の問題、映画界／アート界／クィア・コミュニティとの関係、予算の確保など色々と考えすぎたり本格的に行おうとしたりすると時間だけが過ぎていく。そう思い、できることから取り掛かり動き始めた。

当時は意識をしていなかったが、そこで上映した作品もエイズに関するものであった。『ワイルドコンビネーション――アーサー・ラッセルの肖像』（マット・ウルフ）という二〇〇八年にアメリカで公開されたドキュメンタリーの日本初上映で、試行錯誤して字幕をつけた。タイトルにあるアーサー・ラッセルとは、七〇〜八〇年代のニューヨークで不器用ながら音楽活動を続けた人物で、近所に住むフィリップ・グラスやアレン・ギンズバーグと交流があり、才能を認められながらも彼らのように楽曲が売れることはなかったアーティストだ。ギンズバーグは彼のことを「先生だった」と語った。そんな彼の作品は、二一世紀に入り発掘され、デジタル化されることで「未来から届いた音楽のようだ」と支持され注目を集めた。

彼の友人、恋人、両親がラッセルの思い出を語るなかで、小さなエピソードとして登場する恋人トム・リーとの馴れ初めには胸が熱くなる。自身がゲイであることを公にしている監督のマット・ウルフは、この作品はゲイ映画だと明言した。上映により、この作品のそういった面にも注目する機会にしたかった。エイズが原因で若くして亡くなり、記憶されていない人や今思い起こされるべき人がまだまだいることについて思いを巡らした。しかし、上映後のトークゲストとしてアップリンクが招待した著名な音楽ライターは、被写体や映画のパーソナルな部分に触れることを拒みトークは終了してしまった。ラッセルの人気もあり会場は満席だったが、上映後に、帰りを惜しみ語り合おうとする観客も皆無で、上映を通したコミュニティの形成というものは、自然に生まれるものなんかではないと実感した。

異性愛者ではない人間の存在について公で語ることが、想像していた以上にスムーズに行われない状況を目の当たりにしたわけだ。このように、二〇一五年の東京ですら性的マイノリティの作家の意図がスルーされてしまう鑑賞環境は多いと想像し、活動の意義を強く感じた。

その後は、ジャンルを問わず上映することを表明するかのように、アルゼンチンの劇映画『XXY』（ルシア・プエンソ、二〇〇七年）を上映した。上映前には、共催になってくれた市ヶ谷駅近くの会場の館長がかたい挨拶をし、イベントの雰囲気は古びたその空気にのまれてしまった。映画はジェンダー二元論を疑う思春期の主人公を描いた型にとらわれないものだっただけに残念であった。

知られざる結末たち

初期の転機は、三回目のイベントとして、初めて新宿二丁目でイベントを行った時におとずれた。会場は、コミュニティセンターaktaだ。共催にもなってくれた性の健康やＨＩＶ予防啓発活動を行うその場で、上映後のトークにはaktaの提案で溝口彰子さんが出演してくれた。作品は、ニューヨークでアートを通してＨＩＶ／ＡＩＤＳについての会話を継続することを活動理念の一つにした非営利団体Visual AIDS（ヴィジュアル・エイズ、以下ＶＡ）がコミッションした短編映像集であった。八〇年代から続くエイズ危機をテーマにした作品には、激しかったアクティヴィズムを見つめ直すトム・ケイリンの新作や、二〇一三年に亡くなったクィア理論家ホセ・エステバン＝ムニョスのテキストをミュージカル調にパフォーマンスする作品などがあった。それらを前に、溝口さんは、自身が九〇年代に触れた日本でのエイズアクティヴィズムの話をしてくれた。

一九九四年に横浜で行われた第一〇回国際エイズ会議開催時に、ダムタイプ[*1]に参加していたメンバーが中心となり、会場外でＶＡのプロジェクト「Electric Blanket」（スライド写真とテキストの投影）を行ったというのだ[*2]。恥ずかしながらわたしはそのことを知らず、そして上映に訪れた人々の多くも知らなかった。二〇年という月日と、インターネット以前と以降という情報をめぐる劇的な変化により大きな裂け目ができていることを思い知らされた。遠く離れた日々や海外のことをより身近に感じられれば、現在の生活や運動に活かせることがあるはずである。そのために時間や場所や人の架け橋となることはＮＳが積極的に行いたいことのひとつであると確信した。

しかし、その二〇年の間、ＶＡは活動していたし、日本でもＨＩＶ／ＡＩＤＳに関して活動をしてきた人はもちろんいて、aktaやaktaセンター長（当時）マダム ボンジュール・ジャンジさんが行ってきたパーティなど文化的な活動もあった。ＮＳは、彼らの活動を讃えたい、そして活動する側の人々にも国外の活動や表現を紹介し刺激を受けてもらいたいと思った。いや、それだけではなく、安心できる空間でありたい。刺激を受けるためには、前提として、ＮＳの空間が来場者にとって肩の荷をおろしほっとできる空間である必要があり、それは差別的な発言や〝質問〟をする人のいないセーフスペースであると言える。

上映活動を通し、わたしの日本のＬＧＢＴＱの人々が関わってきた文化的な歴史についての関心はますます高まった。その「歴史」には、記憶されていない事柄も含まれる。想像するきっかけが必要だ。漠然とそんなことを考えるとき、シンプルながらわたしの思考を刺激してくれる人がいた。カナダ出身でニューヨークを拠点にするテッド・カーという白人男性で、彼は自身のことをライター、アーティスト、オーガナイザーと呼ぶ。aktaで上映した映像集の企画者の一人でもある。例えば、カーは、我々がエイズの話をするときに一九八一年が始まりのように語ることに警鐘を鳴らす[*3]。ＨＩＶは、一九八一年以前にも存在し、エイズを発症し亡くなった人もすでにいたからだ。

カーは、エイズの存在が明らかになりながらその言葉すら発しなかったレーガン政権のはじめの五年をさし、「第一サイレント期」と呼ぶ。第二期（一九九六－二〇〇八年）もすでに終わっている。先に述べた長い空白のことだ。そのあいだ、エイズについて話題や表現がおとなしかったように感じるのは日本だけではなかったのだ。薬の開発がすすみ、一九九六年にカクテル療法または多剤併用療法が開発され、エイズ発症率つまりエイズによる死亡率が下がり、美術館、映画館、テレビのなかでもエイズの話題を見聞きすることは減った。

ＶＡの映像を上映するにあたって、そのチラシを配るときに世間のエイズに対する認知度を実感する。「もう終わったこと」「過去のこと」「エイズアートなんて古い」「もう死なないでしょ？」と言われたかと思えば「エイズってなんですか？」という反応もある。後者はもちろん若い世代から出る言葉だ。二〇一九年の末に立教大学でＮＳの活動について話をする機会をもらったときに、レッドリボンの写真を投影した。一〇〇人以上の受講生にレッドリボンを知っているかを聞いたが、知っていると挙がった手はわたしの指の数より少なく驚いた。レッドリボンを知らない人がエイズ運動を知る可能性は低い。エイズ運動を知らずにしてＬＧＢＴＱの歴史や現在について何を知っていると言えるのか？　歴史の断絶とはこのように起こるのかと人生で初めて実感した。

わたしはレッドリボンを幼いときから知っている。自分がゲイであることに気づく前から痩せ細った男が男の腕の中で弱っていくイメージを見ていた。自身の性自認は死への意識と直結していた。カーもそうであるが、一九八〇年代に生まれたクィアの人がそのような意識の中で成長し、HIVやエイズに関した運動をしたり研究をしているケースがこの一〇年顕著である。名が知られる直前で若くして亡くなったアーティストを研究する者もいる。二〇〇七年ごろから映画表象にもそれは見ることができ、アート展も盛んである*4。これにより第二サイレント期は終わった。またサイレント期をつくらないために、そして第二サイレント期がもたらしたものと向き合い、今何が起きどのような行動が必要なのか考える機会をVAの活動は与えてくれる。気がつけば、NSでは、彼らがコミッションする新作を毎年上映している。

燦然たる存在

レッドリボンもVAの活動から始まった。一九八八年のニューヨークで、アーティストも次々とエイズで亡くなっていくなか、アーティストの作品や活動を保存していく必要を感じたアート関係者により設立されたのだ*5。命ですらないがしろに扱われているのだから、アート作品は自分たちで守らなければ無かったことにされてしまうと考え行動した。自分が、いや自分たちが大切なものに光を当てなければそれがどこにあるのかもわからないまま消えてしまい、自分まで消されてしまうのではないか。クィアの人々、またはマイノリティの人々に通じるであろうその感覚はわたしにもあり、今の活動の動機のひとつだ。実際にこれまでに汲み取られず消されてきた声があり、今もあることを意識していたい。そのために映像は光を放ち、力を発揮する。

既存の日本の商業ベースのギャラリーや、検閲に屈しているように見えることもある公立の美術館が、例えばフェリックス・ゴンザレス＝トレスの作品を今展示するとき、どれほどのキュレーターや学芸員が、ラテン系のトレスが生きた日々のこと（ニューヨークの豊かなラテン文化やクィア文化、それらと逆説的に蔓延する人種差別とホモフォビア、そしてエイズ患者への偏見や死など）を具体的に想像できているのか、考えようとしているのだろうか。エイズに関する有名なアートを紹介しながら、過去のエイズのことと現在のＨＩＶを取り巻く状況（進歩と変わらぬ差別や偏見など）をどれほどのアート関係者が真剣に知ろうとしているのか疑問は残る。

しかし、詳しくコンテクストを説明するのが常に正しいということはないし、説明は作品を台無しにすることもある。解説の量の調整はイベントのたびにわたしを悩ます。トリガーウォーニング（鑑賞者の過去のトラウマ的体験を想起させるものが作品に含まれているかもしれないことを伝える事前の警告）をどこまでするかにも悩まされる。ＮＳでは、ほぼ必ず、白黒コピーをしたＡ４紙二つ折りの資料を配布する。白黒なのは予算がないからだが、作家の言葉の翻訳を主にした内容で、来場者が帰りの電車のなかでそれを読みながら作品を頭のなかで振り返り、自ら考える助けになればと思い制作している。鑑賞中や直後の「わからない」や混乱は、鑑賞者それぞれの知識や体験の情報の中で作品を受け取る貴重な時間。だから本当は、わたしが喋るのではなく、どのように受け取ったかを客席から話してもらいたいが、実際は発言が活発になることはやはり少ない。なんとか話してもらおうと、上映会場にボックスワインを持ち込み、紙コップに入れた赤ワインを配ったこともあった。しかし、もちろん解説も必要だ。例えば、エイズアクティヴィズムの映像が多く残っているのは、頻繁にメディアに取り上げられたからではなく、その逆だったことなど。ほんの少しの補足で作品の見え方は大きく変わる。

ＶＡは、アート展示も行い図録などの出版も行う。上映プログラムでは、解説だけではなく、ディスカッションガイドが作られることもある。しかしそれを東京での上映で応用するのは容易ではない。ＨＩＶやＡＩＤＳ運動の歴史に関する記憶や知識にかなりの差があるためだ。基本情報の説明をしていては、いつまでもニュアンスのある話ができないのではという焦りのようなものも感じる。特に三〇年以上エイズを中心に発信するVAが取り上げるテーマや作品は、非常に複雑でパーソナルな経験と向き合ったものが多い。しかし、本人のみぞ知るような体験が、鑑賞者の胸の深いところに響くことも多い。わたしが伝えたい声。小さいとされる声の威力である。

そんななか、心に留めておきたいカーの言葉がある。わたしが二〇一八年にニューヨークを訪れ、一九八〇〜九〇年代のエイズ危機についてのオーラルヒストリープロジェクトの発足を記念したシンポジウム（二〇一八年、ホイットニー美術館）に参加した時のことだ。

このプロジェクトにインタビュアーとして参加したカーが冒頭で言った。「覚えていてください[*6]。まず、HIVはウィルスであり人の体内にいるものです。誰もがその影響を受けていますが、人によっては身体に起きている現実です。完治はしないけど治療はあります。でもそのアクセスの良し悪しは、住む場所、肌の色、ジェンダー、障害の有無により異なります。」HIV／AIDSの文化的・社会的側面にフォーカスし、執筆からコミュニティ形成までする彼の言葉に自分の薄っぺらい部分を見透かされているようで恥ずかしくなった。もちろん、HIV／AIDSを取り巻く、政府や社会の偏見や怠慢とそれと戦った人々のことについて学びを深めているつもりだったが、少なからず美術館の空間やかっこいいヴィジュアルのせいか、良い意味で手の届かないような、ハイファッションのような感覚でデイヴィッド・ヴォイナロヴィッチやゴンザレス＝トレスを見ていたことにハッとさせられた。作品を上映／紹介する時にも、鑑賞者に伝えたい、そして鑑賞者にも忘れないでいて欲しい点だ。

VAは、臨機応変に課題に反応する。初期のエイズ危機を振り返るある展覧会がキャプションで八〇年代のクィアたちの激しい憤怒とアクション、恐怖、そして政府の怠慢とカトリック教会など保守派のヘイト発言をオブラートで包んだ丸い言葉で記していたとき、または、大規模なグループ展で一〇〇人以上のアーティストのなか黒人アーティストが四人しか選ばれなかったとき、彼らはそれらを深刻に捉え、シンポジウムを開催したり、映像作品をコミッションしたりした*7。エイズのことをどう知るか、どう記憶し伝えるかを考えるための教訓をクィアの歴史全般の保存と継承に応用している人は多いのではないだろうか。私は間違いなく、それをＮＳ全体でも活かしているつもりだ。

ノット オーヴァー

黒人は、これまでのアメリカでのエイズ関連死の四〇％以上を占める。黒人を取り巻く深刻な状況は喫緊の課題だとして、ＶＡは、二〇一七年末に八人の黒人アーティスの作品集を公開した。「知られざる結末、斬新な幕開け」と題され、東京での初回上映は、ニューヨークでの公開と同日に行い、翌年には、アーツ千代田３３３１や同志社大学で行った Queer Visions 2018でも上映した。トランスジェンダーのアーティストでアクティヴィストのトルマリンは、ニューヨークのハドソン川沿いを舞台に、そこで八〇年代にエイズ危機で失われた黒人の人々の幽霊、そしてそれ以前、さらに大西洋の存在を映像に映しこむことでアフリカやアメリカ先住民の先祖との精神的な連なりを意識した。『ウォーターメロン・ウーマン』（一九九六年）を監督したシェリル・ドゥニエは、エレン・スピロが三〇年前に捉えた、サウスカロライナ州のヘアサロンを訪ねた。そこは、南部の田舎では数少ない、セクシュアルヘルスについて情報を提供する場でもあった。ドゥニエは、同じ場所でヘアサロンを営むダイアナに、あの頃のことと現在のことを聞く。人々が集い、難しい問題について話すことができるセーフスペースでもあるサロンで、ダイアナと活動してきた博士のバンビ・ガディストは過去を振り返り苛立ちを隠さない。

「三五年も活動してきているのに二〇一七年の今、未だにこのサロンでも大学でも学会でも同じことを言っている。まるでデジャヴ。まるで一九八五年だわ。」

この作品の冒頭では、本企画の発端ともなったリンダ・ヴィラロサが二〇一七年六月のニューヨークタイムズマガジンの巻頭でレポートしたショッキングな数字が表れる。それは、アメリカ疾病予防管理センターが発表した、アメリカの黒人ゲイ／バイセクシュアル男性の二人に一人は生涯でHIVに感染するという予測や、男性だけでなく黒人女性の新規HIV感染者数は白人女性の一六倍という事実だった。白人男性の経験が大きく取り上げられた後におきた第二サイレント期の間に拡がった沈黙の代償を思い知らされた*8。

しかし声を上げ続けるのも容易ではない。エイズに関して言えば、死や病と向き合い続けた人々の中には、薬の開発とともにエイズ問題と距離をおきたいと考えた人もいたはずだ。誰かを非難したいわけではない。それよりもどのような方法で声を上げ続ければいいのか、どうサポートしあえるのかを考えたい。

Visual AIDSが教えてくれた基本的なこと。それは彼らの活動理由の基盤でもある「エイズは終わっていない」ということだ。そのことをクリエイティブな方法で言い続け、過去の話だけをすることに警鐘を鳴らす*9。しかし、これまでの力強い運動や犠牲を忘れてもいけない。過去と現在の話を同時にする必要があるということだ。エイズ関連の課題や作品に限らずNSでも意識しているが非常に難しい。難しいが可能であることをVAは見せてくれる。月並みだが、過去があるから今がある。主流文化への批判や主張も大切だが、自分たちにも何度もリマインドしなくてはいけない。わたしたちには歴史があり、未来もある。たしかに存在しているのだ、と。

ダムタイムが一九九四年に発表した『S／N』に出演したアーティストのブブ・ド・ラ・マドレーヌさんは、『S／N』の記録映像の上映に立ち会うとき、その前または後に必ず、現在ではHIVに感染しても正しく早期に治療をすればエイズを発症しないこと、そしてそれが順調にいけば健康に生きられることを説明する。ダムタイプのダンサーの砂山典子さん、薮内美佐子さん、田中真由美さんからなるOK GIRLSは、二〇一九年末に東京都現代美術館で『S／N』の記録映像が上映された際に、NPO法人ぷれいす東京が制作したHIVの知識をアップデートするための七つのキーワードが説明された資料を来場者に配布し、エイズ危機は「Still Beginning」だと言った。これは、アーティストのグレッグ・ボールドウィッツの言葉でVAが二〇一九年にフィーチャーしたものだ。ボールドウィッツは、現在ディレクターを務めるシカゴの芸術大学で学生が「わたしはエイズ危機を直に経験していない」と言ったときに、こう答えたという。「しかし、僕はここに立っていますよ。」*10

斬新な幕開け

まだ終わっていない、と活動を続けるVAが扱うテーマはより具体的でニュアンスのあるものが多く、それもわたしがぜひ日本で紹介したいと思う理由のひとつだ。セックスやセックスワークはもちろん、深い意味でのケア、家、治療、〝健康〟というアイディア、依存症、内面化したホモフォビア、継続しなければいけない投薬との関係、アーカイヴ、ユーモア、社会制度や法の不備まで多岐にわたる。そしてもちろんスティグマの問題がある。特にここでは、「病」に対するスティグマが二一世紀の現在でも根強くあることを意識させられる。飲んでいる薬について気軽に話すことができないとき、それはスティグマのせいではないか。クィアコミュニティの中にも存在する差別やHIVへのスティグマを上映を通し、話題にすることでそれらを軽減することはできないか。そしてあまりにも蔓延しすぎて自分でも気づいていない、大小の差別や抑圧にあふれた生活のなかで溜まるストレスを和らげることはできないか？ もっと自由になれないか。

現在のVAのプログラムは、白人男性の表象に偏っていた初期の活動の反省をふまえ、多岐にわたる。九〇年前後からトランスジェンダーの人々をサポートしながら権利も訴えたパンクシンガーのクロエ・ズバイロや、住居の重要性を訴え、シェルターを作るなど具体的な活動をしていたキース・カイラー、アジア系の人々の声が二〇一九年の末のプログラム「Still Beginning」では紹介された。これらの作品は、NSの作品リストの幅をひろげている。

例えば、依存症やハームリダクション*11のような、日本では見聞きすることの少ないトピックを扱った映像作品を紹介することで、日本での議論を盛り上げたい。しかし、自分の体調や薬との関係を人前で話すというのはリスクが伴うことでもある。「Still Beginning」を上映した際は、ぷれいす東京にパートナーになってもらい高田馬場駅近くで上映した。上映後は今までよりも来場者から多くの発言があった。あの会場が安全な空間と感じてもらえたからなのか。そう考えていくと、ぷれいす東京代表の生島嗣さんやスタッフとボランティアのみなさんの顔が浮かんだ。たしかに発言しやすい雰囲気ができていた。それは、彼らが積み重ねてきた活動により生まれている信頼によるものだと気づいた。一九九四年の横浜での国際エイズ会議のときから彼らはその活動を継続してきたのだ。ブブさんやOK GIRLSのまわりに生まれる温かい雰囲気にも同様の背景があるだろう。

横浜での会議にあわせ行われた『Electric Blanket』投影直後の野外パーティーLove Ballの映像を砂山典子さんが見せてくれた。彼女が当時編集したチリチリした映像の中で、世界中から会議に訪れた人々がステージにあがり、笑顔で自己紹介をしている。シンガポールから来たエイズと生きる女性が「政府の支援はなにもない。でもわたしにはあなたたちがいる。」と語る。『Electric Blanket』をブブさんと一緒にニューヨークから持ってきた古橋悌二さんの姿はそこにはない。体調が優れず参加できなかったのだ。一九九四年のこの日をVAとNSが橋を架けている感覚は強くある。同時に、その後のサイレント期にも黙らず活動していた人たちへのリスペクトとともに、これまでのこと、今まで忘れられた存在、声を紹介していきたい。エイズ会議や同性婚の議論の場では発することのできない、日々の理不尽な経験や喜びや不思議がその外でなら表現できるはずだ。

この五年、時に来場者が少なく大量に余った資料を持ち帰りながら、上映を続ける意味を自問することもあった。NSは自分のためにやっているプロジェクトではないのに、結局、独断で実行させていくことが多いことに不安を感じることもあった。しかし、もう少し時間が必要だと思えるようにもなってきた。上映を楽しみにしてくれる人や応援してくれる人もいる。じっくりと時間をかけて、主流文化で簡略化されるクィアの人々の些細だけど貴重な経験を、深く見つめ力にしていける場所をつくり、行動にうつしたり、休んだり、そして来場者どうしの関係が築かれていけばそれに越したことはない。表象を奪われてきた自分の存在を見つめることで、過去と連なりを感じ、自分がたしかに存在していることを確認してもらいたい。わたしには、たしかにあなたが見えています、と伝えたい。

本章の題および見出しは、VAのプロジェクトやコミッション作品名を引用した。

注

＊1　一九八四年に京都市立芸術大学の演劇サークルから派生し、活動をはじめた集団。ダンス、演劇、映像、サウンドアート、建築、出版、メディアアートなどを複合的に応用し、インスタレーションや舞台作品を多くてがける。

＊2　一九九〇年、ナン・ゴールディンやピーター・ヒュージャー（フージャー）やアレン・フレームなどの写真二〇〇点とエイズに関するテキスト、データ、スローガンから構成され、ニューヨークのクーパー・ユニオン（大学）の外壁に投影されたものが原型。https://visualaids.org/projects/electric-blanket（二〇二〇年九月一日最終閲覧）

＊3　一九八一年六月、アメリカ疾病予防管理センターはロサンゼルスの健康だったゲイ男性五人にニューモシスチス肺炎が発見

されたと報告。七月には、ニューヨークタイムズが、同性愛者四一人に珍しい癌が見つかったと報じた。カーは複数の執筆物で一九八一年以前の話をしようとしている。参考：The Body. 39 Years Later, The New York Times' 1981 'Gay Cancer' Story Continues to Distort Early AIDS History. Ted Kerr. July 2, 2020 https://www.thebody.com/article/new-york-times-1981-gay-cancer-story-distorts-aids-history（二〇二〇年八月九日最終閲覧）

＊4　映画では『怒りを力に――ＡＣＴ ＵＰの歴史』（ジム・ハバード、二〇一二年）、『We Were Here あの頃、僕らは――いま語られるエイズの記憶』（デヴィッド・ワイスマン／ビル・ウェーバー、二〇一一年）、『How to Survive a Plague』（デヴィッド・フランス、二〇一二年）、『VITO／ヴィト』（ジェフリー・シュワルツ、二〇一一年）、『ダラス・バイヤーズクラブ』（ジャン＝マルク・ヴァレ、二〇一三年）など。カーとアレクサンドラ・ユハスはこの現象を「AIDS Crisis Revisitation」と呼ぶ。

＊5　創設者はアート批評家でライターのロバート・アトキンズ、キュレーターのゲリー・ガレルス、トーマス・ソコロフスキ（一九五〇―二〇二〇）、ウィリアム・オランダー（一九五一―一九八九）。

＊6　スミソニアン協会：アーカイブズ・オブ・アメリカンアート Visual Arts and the AIDS Epidemic: An Oral History Project https://www.aaa.si.edu/inside-the-archives/visual-arts-and-the-aids-epidemic-oral-history-project（二〇二〇年八月九日最終閲覧）

シンポジウムは、二〇一八年七月一三日、ホイットニー美術館にて。https://whitney.org/events/visual-arts-aids-epidemic（二〇二〇年八月九日最終閲覧）

＊7　二〇一三年八月二〇日、床に座る人もでるほど大勢が集まった。熱気あふれる来場者の半数以上は二〇～三〇代のクィアたちだった。急遽企画されたシンポジウムは、博物館のニューヨーク・ヒストリカル・ソサエティで行われた展示「AIDS in New York: The First Five Years」への批判と関連していた。シンポジウムは「(re) Presenting AIDS: Culture and Accountability」と題され、公共空間でＨＩＶ／ＡＩＤＳはどう表されるべきかが議論された。クィアの歴史を専門に執筆やキュレーションをするヒュー・ライアンがニューヨークタイムズに寄稿したop-ed（二〇一三年八月四日）に反応してのものだった。ライアンは、その博物館で展示されたキャプションにより消されてしまった八〇年代のクィアたちの激しい憤怒とアクション、恐怖、そして政府の怠慢とカトリック教会など保守派のヘイト発言をオブラートで包んだ丸い言葉で記していることを分析し指摘したのだ。展示物やヴィジュアルが、当時の貴重な資料でも、短いキャプションが歴史や印象を変えてしまう。ライアンは、op-ed のしめくくりにこう書いた。「I'm not afraid we will forget AIDS; I am afraid we will remember it and it will mean nothing.」（「私は社会がエイズを忘れてしまうことを恐れているのではない。私が恐れているのは、エイズを覚えているのに、それが全く意味をもたない社会だ。」）

シンポジウム完全文字起こし：https://visualaids.org/events/detail/representing-aids-culture-and-accuntability（二〇二〇年九月一日最終閲覧）

＊8　例えば、主流マスメディアが沈黙していた。しかし、その間も無くなっていなかった問題、例えばＨＩＶをもっている人が文字通り犯罪者として扱われる法律が残る地域が世界にはあり、そのせいで投獄され苦しんできた人々がいた。

＊9　「AIDS On Going Going On」「Still Beginning」「Everyday」など、多くは、ＶＡのアーティストアーカイヴおよび登録システムに所属するＨＩＶと生きた／生きるアーティストの言葉だ。

＊10　"Well, I'm standing right here." *Chicago magazine*、二〇一九年四月号。

＊11　ハームリダクションとは、向精神物質の使用に伴う健康、社会、経済被害を減らすための政策、プログラム、アプローチの包括的パッケージを指す。このパッケージの要素は以下の通りである：注射針・注射器プログラム／オピオイド代替治療／ＨＩＶ検査とカウンセリング／注射薬物使用者へのＨＩＶケアと抗レトロウイルス治療／性感染の予防／アウトリーチ（注射薬物使用者とその性パートナーへの情報提供、教育、コミュニケーション）／ウイルス性肝炎の診断、治療、リクチン接種（可能なら）／結核予防、診断、治療。たとえば、注射薬物使用者は、消毒していない注射器具を使えば、血液感染症（ＨＩＶなど）に感染しやすくなる。したがって適切なかたちで消毒した注射針や注射器を供給することは血液感染のリスクを減らすハームリダクションの手段になる。（ＵＮＡＩＤＳ　用語ガイドラインより）

　ハームリダクションは、ドラッグを使用する人々の権利の尊重と信念のうえに成り立つ社会的正義のためのムーブメントでもある。（Harm Reduction Coalition – https://harmreduction.org/about-us/principles-of-harm-reduction/（二〇二〇年六月一五日最終閲覧）より——筆者翻訳）

久保　豊（くぼ・ゆたか）［第７章］

金沢大学人間社会学域教員．京都大学大学院人間・環境学研究科・博士（人間・環境学）．専門は，映画学，特に戦後日本映画史，クィア映画批評，老いと若さおよび食卓の表象に関心がある．“Fading away from the Screen: Cinematic Responses to Queer Ageing in Contemporary Japanese Cinema” in *Japanese Visual Media : Politicizing the Screen*（分担執筆，Routledge, 2021),『Inside/Out ――映像文化と LGBTQ＋』(編著，早稲田大学演劇博物館，2020）など．

井芹真紀子（いせり・まきこ）［第８章］

東京大学大学院総合文化研究科・教養学部附属教養教育高度化機構特任助教．東京大学大学院総合文化研究科博士後期課程単位取得退学．専門は，フェミニズム／クィア理論，ディスアビリティ・スタディーズ．「反／未来主義を問い直す――クィアな対立性と動員される身体」(『思想』第1151号，2020),『メディア・レトリック論――文化・政治・コミュニケーション』(共著，ナカニシヤ出版，2018）など．

宮本裕子（みやもと・ゆうこ）［第９章］

立教大学現代心理学部映像身体学科教員．明治学院大学言語文化研究所研究員．専門は，映画・アニメーション研究．『フライシャー兄弟の映像的志向――混淆するアニメーションとその空間』(水声社，2020),「今敏による『パプリカ』の翻案に見る，分裂する女性主人公」(『言語文化』第36号，2019),「三角関係の曖昧な中心――『胸騒ぎの恋人』における想像的な両性愛性」(『ユリイカ』2020年４月号）など．

矢野ほなみ（やの・ほなみ）［第10章］

アニメーション作家．東京藝術大学大学院映像研究科修士課程修了．『染色体の恋人』(2017）がフレームライン映画祭（サンフランシスコ国際 LGBTQ＋映画祭）をはじめとする国内外の映画祭にノミネート．『骨嚙み』(2021）は世界三大アニメーション映画祭の一つである第45回オタワ国際アニメーション映画祭で短編部門グランプリ，他27の賞受賞．TV アニメ「TRIGUN STAMPEDE」エンディングアニメーションや，NHK『みんなのうた』「さよならの向こうに」(松下洸平）や MV 等も手掛ける．(honamiyano.com)

秋田　祥（あきた・しょう）［第11章］

映画プログラマー．映画上映シリーズ「ノーマルスクリーン」を主宰し，映画館や団体などと協働しながら，主に性的マイノリティの人々の経験をとらえた実験的な映像作品を新旧／地域を問わず上映，配信している。2020年，Visual AIDS による国際キュレーターレジデンシーに選ばれ，アーティスト古橋悌二のニューヨークでの足跡を追い，彼が関わった日米交流について調査している。

〈著者紹介〉（執筆順，＊は編著者）

＊**菅野優香**（かんの・ゆうか）［序章，第1章］

同志社大学大学院グローバル・スタディーズ研究科教員．カリフォルニア大学アーヴァイン校Ph. D.（視覚研究）．専門は，映画・視覚文化研究，クィア・スタディーズ．『クィア・スタディーズをひらく 1』(共著，晃洋書房，2020)，*The Japanese Cinema Book*（共著，BFI/Bloomsbury，2020)，『ジェンダーと生政治（戦後日本を読みかえる)』(共著，臨川書店，2019)，『川島雄三は二度生まれる』（共著，水声社，2018）など．

河口和也（かわぐち・かずや）［第2章］

広島修道大学人文学部教員．筑波大学大学院博士課程社会科学研究科単位取得満期退学．専門は，社会学，ゲイ・スタディーズ，クィア・スタディーズ．『教養のためのセクシュアリティ・スタディーズ』（共著，法律文化社，2018)，『同性愛と異性愛』（共著，岩波書店，2010)，『クィア・スタディーズ』（岩波書店，2003)，『ゲイ・スタディーズ』（共著，青土社，1997)．

長島佐恵子（ながしま・さえこ）［第3章］

中央大学法学部教員．専門は，英文学，ジェンダー・セクシュアリティ研究，クィア批評．『読むことのクィア――続 愛の技法』（共著，中央大学出版部，2019)，『LGBTをめぐる法と社会』（共著，日本加除出版，2019)，『愛の技法――クィア・リーディングとは何か』（共著，中央大学出版部，2013）など．

出雲まろう（いずも・まろう）［第4章］

ライター．クィア・リーディングの可能性を目指す．「デスパレートな存在形態／男優・三島由紀夫試論」(『日本映画は生きている第五巻　監督と俳優の美学』，岩波書店，2010)，『虹の彼方に――レズビアン・ゲイ・クィア映画を読む』（編著，パンドラ社，2005)，『チャンバラ・クィーン』（パンドラ社，2002）など．

赤枝香奈子（あかえだ・かなこ）［第5章］

追手門学院大学社会学部教員．専門は，社会学，ジェンダー・セクシュアリティ研究．『教養のためのセクシュアリティ・スタディーズ』（共著，法律文化社，2018)，『セクシュアリティの戦後史』（共編著，京都大学学術出版会，2014)，『近代日本における女同士の親密な関係』（角川学芸出版，2011)．

前川直哉（まえかわ・なおや）［第6章］

福島大学教育推進機構教員．京都大学大学院人間・環境学研究科・博士（人間・環境学)．専門は，ジェンダー・セクシュアリティの社会史．『〈男性同性愛者〉の社会史――アイデンティティの受容／クローゼットへの解放』（作品社，2017)，『男の絆――明治の学生からボーイズ・ラブまで』（筑摩書房，2011）など．

クィア・シネマ・スタディーズ

2021年11月10日　初版第１刷発行
2024年９月５日　初版第２刷発行

編著者　菅野優香©

発行者　萩原淳平

印刷者　江戸孝典

発行所　株式会社　晃洋書房
京都市右京区西院北矢掛町７番地
電話　075（312）0788㈹
振替口座　01040-6-32280

印刷・製本　共同印刷工業㈱
装幀　三森健太（JUNGLE）
ISBN978-4-7710-3553-9